隐逸在时间深处

刘香河　著

北京日报出版社

图书在版编目（CIP）数据

隐逸在时间深处 / 刘香河著. — 北京：北京日报出版社，2025.9

ISBN 978-7-5477-4864-0

Ⅰ. ①隐…　Ⅱ. ①刘…　Ⅲ. ①散文集—中国—当代　Ⅳ. ①I267

中国国家版本馆CIP数据核字（2024）第028691号

隐逸在时间深处

出版发行： 北京日报出版社
地　　址： 北京市东城区东单三条 8-16 号东方广场东配楼四层
邮　　编： 100005
电　　话： 发行部：（010）65255876
总编室：（010）65252135
印　　刷： 三河市中晟雅豪印务有限公司
经　　销： 各地新华书店
版　　次： 2025 年 9 月第 1 版
2025 年 9 月第 1 次印刷
开　　本： 710 毫米 × 1000 毫米　1/16
印　　张： 13.5
字　　数： 190 千字
定　　价： 66.00 元

目 录

第一辑 岁月醉人

第二辑 吾乡风流

第三辑　幽思漫诉

第一辑

岁月醉人

“花灯”“高跷”：让新年多彩多姿

年，在国人心目中的重要性，不言而喻。“爆竹声中一岁除，春风送暖入屠苏。千门万户曈曈日，总把新桃换旧符。”北宋王安石的这首《元日》，可谓是妇孺皆知。

过年是国人重要的传统习俗。祖祖辈辈，年复一年，延续了几千年的时光，那则关于“年”的传说亦随之流传至今。

说不清从何时起，过年渐渐远离了那则传说，贴春联再也不是为了躲避那怪兽的袭击了。年，在人们心目中成了一种新的期盼、一种新的希冀。年，在民间，在普通农家那里，变得多彩而多姿，生动极了。

在我的老家兴化，每到过年，乡亲们便喜气洋洋，放爆竹，舞龙灯，摇花船，踩高跷，敲锣打鼓，好不热闹。

你或许见过民间表演中的“花船”，或许见过民间表演中的“花灯”，或许见过民间表演中的彩装，但你见过真人彩装置身于“花船”，且能够游走的“花灯”吗?

如若没有，那么请你元宵节时，到兴化古镇沙沟来吧！来看一看，美极艳极、色彩斑斓、风情四溢、独具特色的沙沟游走灯会。

我国民间素有元宵节看花灯的习俗，每年的正月十五，便是民间闹灯会、看花灯的好日子。这一天，也就成了花灯的海洋，花灯的节庆。与此同时，在花灯璀璨的光影里，别样的种种精彩亦在悄然上演。这一天，也成了情人相会的日子。

有一出名叫《夫妻观灯》的黄梅戏，堪称经典。你听——

王　妻：正哪月十啊五，闹哇元宵呀呀子哟，火炮哇连天门哪前绕，喂却喂却依喂却，喂却人哪家舍呀嗬嘿，郎啊锣鼓儿闹嘈嘈哇。花开花谢什么花黄？

王小六：兰花黄。

王　妻：么花香？

王小六：百花香。

王　妻：兰花兰香百花百香，相思调儿调思相，我自打自唱自帮腔。咦嗬郎当呀嗬郎当，瓜子梅花响叮当。

你再听——

王小六：夫妻二个城门进，抬起头来看花灯。东也是灯，西也是灯，南也是灯来北也是灯。

王　妻：四面八方闹哄哄。长子来看灯。

王小六：他挤得头一伸。

王　妻：矮子来看灯。

王小六：他挤在人网里行。

王　妻：胖子来看灯。

王小六：他挤得汗淋淋。

王　妻：瘦子来看灯。

王小六：他挤成一把筋。

王　妻：小孩子来看灯。

王小六：他站也站不稳。

王　妻：老头儿来看灯。

王小六：走起路来戳拐棍。

黄梅调悦耳动听，自不待说。演员表演生动诙谐，情趣满满，令人捧腹。这一出传统曲目，至今仍是“网红”曲目，说来跟吴琼、李恋两位精彩的演绎不无关系。

有道是“月儿弯弯照九州，几家欢乐几家愁”。王小六和他的妻子一起逛汴梁城观了一回灯，好不开心。而欧阳修笔下的那对才子佳人，则没有王小六这对小夫妻幸运矣——

去年元夜时，花市灯如昼。
月上柳梢头，人约黄昏后。

今年元夜时，月与灯依旧。
不见去年人，泪湿春衫袖。

难怪有人主张将元宵节定为中国的情人节，而不应该过每年 2 月 14 日的西方情人节。实在说来，这西方的情人节，跟国人半毛钱关系都没有，还真不如这元宵节。

元宵节灯会，当然不只是北宋有，北宋也不只是汴梁城有。其流传之久远，传播范围之广，完全够得上载入吉尼斯世界纪录。现如今，就全国范围而言，声名远播的灯会还真不少。京城灯会、自贡灯会、南京夫子庙灯会、扬州灯会、海宁灯会，如此等等。

与这些灯会相比，沙沟游走灯会的知名度似有不及。可只要你来沙沟观看过这里的灯会，你就一定会喜欢上这里特有的“游走花灯”。

地处兴化西北部水乡的沙沟，是中国历史文化名镇。有“诗、书、画三绝”之誉的“扬州八怪”代表人物郑板桥，曾在此坐馆。把地球比作母亲、称祖国为“年青的女郎”、大名鼎鼎的郭沫若，曾为沙沟镇人民医院题写过院名。

古镇还有一处特别的所在——厕所。读者诸君可别小瞧了这处所在，它可是兴建于明末清初，亦算是有些年头矣。况且，此厕非常厕，呈西式建筑风格，在古色古香的沙沟古镇上，十分抢眼。我曾在长篇小说《浮城》中作过较为翔实的描述，不妨摘录于此：

这座古厕青砖黛瓦，正门朝南，门洞下面呈长方形，上面呈三角形，四周有转线装饰。装有对开的“洋门”两扇，门的两边各开一个长方形木制窗户，上部用多层线脚砖做成弧形并挑出。墙的下部用小六角磨面砖铺贴，四周用半圆砖做线镶制成镜框式样。南立面和西立面砌有几个墙垛，上方间隔有凹凸形线脚，类似花瓶的瓶颈束腰。西立面山墙上亦有4扇洋式窗户。

古厕内有一方小天井，天井东边有一个仅容一人如厕的蹲坑，西边则是个小便池。再往里去便是“坑厅”，设有长恭凳，恭凳后面是根长护杆，以防如厕的人不慎跌入坑中。恭凳可容纳6人同时如厕。恭凳中间和两侧各设一个柏木短搁几，几面下的牙板上雕有如意花纹。如厕的人可一边如厕一边抽着水烟，水烟壶之类的用具可放置于搁几上，方便实用。恭凳前面东侧还摆有方便如厕者的净手铜盆、香熏炉具等器具。

当然，更为沙沟人津津乐道的，则是当地美食“沙沟三宝”，即大鱼圆、水粉炒鸡和藕夹子。这当中，名气最大的要数“沙沟大鱼圆”。有一年，来自全国各地参加“全国里下河文学流派研讨会”的专家学者们，就曾在古镇当街品尝过新鲜出锅的大鱼圆。外黄内白、鲜嫩诱人的大鱼圆，让一帮原本钻在象牙塔里的斯文人，一个个手持牙签挑上鱼圆，边咬边赞叹：“好吃！实在是好吃！”一只显然不够，返身再挑，惹得同伴高喊：“结过账啦！”店主乐呵呵地回应：“不用付钱！几只鱼圆，本店招待得起！”

此番同行者中，就有写过沙沟大鱼圆的庞余亮，他与我有同乡同窗之谊。对于沙沟大鱼圆，庞余亮这样说：“上苍似乎要用最鲜美的鱼圆来安慰这寂寞的古镇。论鱼圆之美味，沙沟鱼圆天下第一。或者，是并列第一。沙沟鱼姓的多（应该是沙沟的原住民），会做鱼圆的多，还有，湖里的鱼太多了。刚刚出锅的在青花瓷盆中颤动不已的大鱼圆啊，如枇杷一样新鲜！”

读者诸君是否垂涎欲滴矣？且慢！现在轮到我转入正题，说一说沙沟游走灯会也。

沙沟游走灯会，每年举办两次，分别为正月十五和二月初二。灯会当日，不用说十里八乡的乡亲，甚至是大江南北的看客，都会纷至沓来，观灯赏灯，感受沙沟游走灯会那一份特有的热闹。其时，沙沟镇的水面上，舟楫穿行，集镇四周的河岸边停满了前来观灯的大大小小的船只。大街小巷，早已是张灯结彩，色彩斑斓，人流穿梭，一派繁忙。此时，镇街上那座名头极响的西洋厕所，只能暂时被冷落了。人们一改以往对其的好奇，注意力全放在了“花灯”上。

要说沙沟游走灯会上的“花灯”，还真值得一说。

与其他地方的花灯只能局部“活动”，整体不可移动不同，沙沟游走灯会上的花灯，整体都可移动。其花灯主体与“花船”相似，且每组灯都呈现出一个独立的故事，由真人彩装扮演，辅以各式人物所特有之道具，再加之衬景布幔、辅助烛灯之类，使得整个灯体流光溢彩、绚烂艳丽。那些栩栩如生的人物，在“花船”上徐徐前行，乍一见，着实令人称奇。然，道破“天机”后，并无多少玄机。“花船”的布幔所绘人物肢体，只是一种假象。“花船”的移动，主要依靠身着彩装的真人自行行走，只不过他们的行走动作被布幔所遮盖，不易察觉。

沙沟游走灯会，有着和出庙会一样的形式。沿集镇街巷游走，当地百姓称作“出灯”。出灯时，一人身着武士装，手舞长练火球，充当开路先锋。游人见火球飞旋而来，火星四溅，自会退让，为后面长长的花灯留出足够的道路空间。

开路先锋之后，便是两名“衙役”，他们高举头牌。头牌为镂空龙凤呈祥图案的盒灯，寄托着当地百姓祈求幸福安康的良好愿望。头牌后面，紧跟着六书艺人组成的乐队。乐队所奏曲牌有喜临门、点将台、百鸟朝凤之类，音调甚是高亢、悠扬。

沙沟游走灯会的头班灯为“五星赐福”。这是多年来形成的惯例，雷打不动。但见福、禄、寿三星，脚登彩云，与仙鹤、驯鹿相伴，仙气四溢。寿星手捧仙桃，福星手执一匾，上书“五星赐福”四个大字。彩灯四周，烛灯闪烁。8位身着彩服、手持祥云彩灯的美少女，围绕着彩灯不停旋转，让三星犹如置身于朵朵祥云之中，如梦如幻。

此后由什么花灯出场，并无定例。主要由各行会的会长们事前商定，每次灯会出灯顺序都不太一样。但种类大致差不多，有“八面牌匾灯”“西湖塔伞灯”“拷红灯”“八仙灯”“鹊桥灯”，等等，名目颇为繁多，题材十分丰富。若从灯形来算，沙沟游走灯会的花灯有近百种之多，恕不一一列举。

出灯队伍中，每两组花灯之间，便有锣鼓梆子夹行，花灯前行时有锣鼓相伴，不致让出灯悄无声息，增添些许热闹之气。

明眼人定能看出，沙沟灯会自有其亮色。其一，灯中有戏，戏内有灯。舞台上的戏剧元素与彩灯完美融合，美轮美奂。其二，机关巧置，制灯技高。借“花船”之形，巧置各种机关，花灯让人耳目一新，却又不漏彩，极具观赏性。其三，真人彩装，栩栩如生。灯中有真人，人走灯随行，人灯又一次完美融合，天衣无缝。其四，地域特色，水乡风情。荷、藕、莲、菱、鱼、虾、蟹、蚌，凡此等等，皆入得灯会，成为制作花灯之主要元素。游人见之，浓郁的水乡气息扑面而来。

如此独具特色的灯会，其历史可溯至明代。明以前的沙沟称作“沙溪”，那时的正月十五，沙溪人只是扎些小提灯，或门前自挂，或给孩童玩耍。相传，到了明嘉靖年间，有位名叫万云鹏的右布政使，从福建任上告老还乡。他在外为官几十载，可谓是见多识广。他提议，从当地多水、镇小、巷狭等实情出发，以出会名义搞彩灯游走，娱乐百姓，增添节日之喜庆。万右布政使提议既出，当地商贾应者云集。由商会牵头，各行会游走花灯纷纷兴起。行会之间比强争胜，花灯一个比一个精彩。于是乎，原本荡湖船的一些戏文故事、风土人情，为花灯表演所吸收，让沙溪灯会有了与其他灯会不一样的独特风貌。

也多亏了旧时的沙溪，聚集了一大批篾匠和纸扎高手，让彩装花灯变为可能。沙沟彩灯的主体骨架，为竹篾弯曲成各种各样的形状，经绑扎而成。主体布幔用的是仿绸布，道具则是用白纸裱糊。灯内的蜡烛设置，讲究三点：一要透光照明；二要阻燃；三要不烫伤彩装真人。这就要求在彩灯制作过程中，首先充分考虑表演真人在花灯中的位置，之后再安排蜡烛灯。彩灯裱糊完成后，还要在纸面上刷一道钒水，目的是阻燃。最后，还要给彩绘图案做部分缕空，使其造型灵活生动。正是经过一代代能工巧匠的不断摸索创新，精益求精，才有了今天沙沟彩灯的日臻完美，声名鹊起。

沙沟的游走彩灯，还有着每逢盛大庆典也会“出会”的光荣传统。

近代以来，具有特殊意义的“出会”有多次：1946 年正月，沙沟市委、市政府庆祝民主政权成立一周年；1952 年 10 月庆祝新中国成立 3 周年；1964 年庆祝兴化县贫下中农代表大会召开……顺便说一句，尽管沙沟现在只是一个镇的建制，但它在历史上曾经设立过市。读者诸君见“沙沟市委、市政府”之字样，不要以为是笔误。

现在的沙沟游走灯会，以其独特的形式、别样的风情，成为里下河地区宝贵的非物质文化遗产，也成为沙沟对外宣传推介的一张名片，熠熠生辉。

如果说色彩艳丽的“花灯”让新年变得更加多彩，那么动感十足的“高跷”则让新年更加多姿，充满活力。

与象征祥瑞的狮子相比，龙的象征意义更为深远。中国人都自豪地称自己为“龙的传人”，龙被视为中华民族始祖的象征。然而，与真实存在的狮子不同，龙并非自然界中的生物，而是融合了多种动物形象的神话杂合体。它显然是祖先们祈求风调雨顺、幸福平安而虚构出来的。即使是虚构之形象，也不妨碍我们倾注巨大热情来崇拜它、赞美它、喜爱它，并且通过各种各样的形式来表演它、再现它。这中间，兴化高跷龙便是一种对“龙”的表演和再现的民间舞。

兴化高跷龙，是众多“龙舞”中的一种，是将民间的踩高跷和舞龙灯融为一体的舞蹈形式。顾名思义，表演者要踩着高跷来舞龙。虽然其表演的主体部分还是“龙舞”，但这无疑大大增加了“龙舞”的难度。对于表演者而言，个人技巧固然重要，但更为关键的是要能够注意到整个舞龙队的整体协调性。相较于站在地面上舞龙，踩着高跷舞龙的难度更高，动作也更为复杂。然而，一旦成功完成，其惊险性和刺激性将大大增强，观赏性也随之提升。

最早的“高跷龙舞”，出现在兴化垛田镇的高家荡。地处兴化城东郊的垛田镇，很久以前只是一片湖荡沼泽，满眼望去，湖荡之上密密麻麻生长着的是芦苇，在芦荡上空盘旋翱翔着的是野禽，奔跑在苇丛之中的是现在被人们视为珍宝的麋鹿。先民们在这里繁衍生息，与野禽为舞，与麋鹿为伴，日出而作，日落而息。之后便形成了一个又一个自然村落：芦洲、湖西口、周家荡、杨家荡等。

高家荡也是众多自然村落中的一个。它位于垛田镇的最东部，以高、杨、张、王四大姓氏为多，人口三千有余，多数是明洪武年间从苏州等地移民而来。他们从祖先那里继承了"踩高跷""舞龙灯"的传统习俗。到清乾隆年间，高家荡创办了"都天会"庙会。为了让庙会更具吸引力，村子里一个叫高德文的村民，提出了将踩高跷与舞龙灯合二为一的大胆设想。

想法既出，高德文便付之行动。他四处拜访民间艺人，反复揣摩将踩高跷与舞龙灯结合在一起的关键要点，组织高氏家族的男丁潜心练习，最终创新出了"高跷龙舞"这样一种崭新的"龙舞"形式。

高跷龙舞所用之高跷，为高度一米左右的杉木制成，所舞之龙为竹制骨架，布制龙身，龙头、龙身、龙尾共计11节，与寻常人们舞龙所用之龙并无二致。表演时，其动作套路与普通舞龙一样，只是龙前没有了"龙球"引逗，靠掌龙头者带动前行，示意下一个动作。舞高跷龙，是在一米多高的高跷上进行，因此其表演难度相对较大，通常只有"大花""小花""纯阳背剑""九连环"这四套动作。

为凸显演出效果，要求表演者着装统一。早期为"上白下蓝，头白腰红"，即上身穿一件白褂子，下身穿一条蓝裤子，头上扎一条白布巾，腰间系一条红绸带。现在则有了较大变化，首先"变"的是头巾。有时表演者扎花头巾，可谓是五颜六色，色彩纷呈；有时扎同样颜色的头巾，则显得整齐划一、精神干练。

再者，就是着装的变化。上装由白褂子变为黄褂子，下装由蓝裤子变为红裤子，色彩变得更为鲜艳。最后是脚上的"变"。早先虽没统一规定，但几乎无一例外，都是穿布鞋。现在则改为穿运动型球鞋，这样的改变使得表演者在动作上更加矫健敏捷，整体效果也显得更为清爽利落。

高家的高跷龙舞，只在高氏家族传了两代人。之后，张安方的曾祖张明礼等张氏家族之人接掌。直到20世纪40年代，张安方、张金方兄弟俩继承父业，与吴兆喜、王兆奎、孙凯祥等人一起，共同成了高家荡高跷龙舞的第六代传人。

就是这样一个具有鲜明地域特色、浓郁民间风味、为广大百姓所喜爱的高跷龙舞，“文革”期间也难逃厄运一度被取缔。直至改革开放，大地春回，高家荡的庙会、高跷龙舞才得以恢复，人们在喧天的锣鼓声中，在彩旗的引领之下，又看到了那身着彩服、脚踩高跷、手举长龙的表演者们。但见那高跷龙，摇头摆尾，撒欢儿而行，遇有人“接龙”（放鞭炮以示欢迎），表演者便会停下行进的脚步，铺场子，敲锣鼓，上套路。一时间，人在跷上舞，龙在空中飞，一招一式，既精彩又惊险。

面对这久违了的表演，潮水般的掌声在人群中爆发，情不自禁的叫好声，一声高过一声，此起彼伏，直冲云霄。被禁锢的时间久矣，乡亲们终于可以冲天高吼、扬眉吐气啦！

我在为乡亲们久积心底的豪迈之情得以抒发而由衷高兴的同时，也为家乡“高跷龙舞”这一非遗传承项目后继乏人，产生些许担忧。或许是高跷龙舞对技巧要求太高，或许是高跷龙舞动作存在一定风险，或许从事这一民间表演收入甚微，或许……总之，现在的年轻人几乎没有人再愿意从事这样的民间舞表演了。古老而又极具观赏性的高跷龙舞啊，你究竟还能走多远呢？

盛开在民间沃土之上

民间说唱，地域性极强，所谓南腔北调是也。民间说唱，赖以生存的土壤在民间。民间少约束，多自由；民间少排斥，多包容……民间，实在是一片沃土，百花齐放，姹紫嫣红。

人常言：“一方水土养一方人。”站在民间说唱的角度，何尝不如是?！某一地的民间说唱，定然植根于诞生它的土壤。

我国幅员辽阔，民族众多，民间说唱艺术的历史悠久且丰富多彩。从司马迁的著作中提及的优孟、优旃、淳于髡这三位古代俳优的表演活动，可见民间说唱最早之端倪。20 世纪 50 年代和 70 年代，分别在成都天回镇汉墓和扬州邗江胡场一号西汉木椁墓中出土的汉代“说书俑”，其风趣的形象、逼肖的神态，无疑表明汉代在保留滑稽表演的同时，已逐步向说书艺术迈进。

民间说唱繁荣于宋。究其根由，离不开商业的发达，都市的繁华。此时，一批专业艺人，现身于“勾栏”“瓦舍”，说唱活跃。原本“下里巴人”的行当，却也进入陆游的笔端。有诗为证——

斜阳古柳赵家庄，
负鼓盲翁正作场。
死后是非谁管得？
满村听说蔡中郎。

陆放翁的诗作，充其量也就是让“下里巴人”的民间说唱，沾上点儿“阳春白雪”的边儿。除此，无他。而真正让“下里巴人”的民间说唱和“阳春白雪”相互融合、相得益彰的，还要数2016年央视春晚上的一首歌——《华阴老腔一声喊》。这是一首为实力派歌手谭维维量身定制之作，在某综艺节目中呈现在先，登上央视春晚在后。

谈及历经数十年的央视春晚，尽管观众评价各异、褒贬不一，但你无法否认其平台所具备的巨大影响力。正是由于谭维维与张喜民等多位华阴老腔艺人在央视春晚上的完美合作，让流传千年的嘶吼，有了直抵人心的震撼力量。谭维维的演唱高亢激越，极具穿透力。张喜民等华阴老腔艺人的说唱，则沉郁悲壮、粗犷豪迈。双方形成的强大共鸣磁场，让整个演唱燃爆全场。张喜民等华阴老腔艺人率先开腔——

八百里秦川
千万里江山
乡情唱不尽
故事说不完
扯开了嗓子
华阴老腔要一声喊
伙计哎　抄家伙

谭维维接着以高亢的歌声登场——

华阴老腔要一声喊
喊得那巨灵劈华山呐
喊得那老龙出秦川呐
喊得那黄河拐了弯呐
太阳托出了个金盘盘呐
月亮勾起了个银弯弯
天河里舀起一瓢水啊
洒得那星星挂满了天呐

谭维维与张喜民等华阴老腔艺人的精彩演绎，被誉为中国摇滚与民间传统艺术结合的典范。一个现代艺人和她的现代音乐元素的加入，似乎让流传两千余年、一直未能走出华阴的老腔，一夜之间响遍华夏。何其幸哉！

类似的做法，我也曾干过。虽然不及谭维维与华阴老腔艺人的组合那么精彩、那么震撼，但我的创意，要早于她与华阴老腔艺人“一声喊”近十年。那是2007年，我主持策划一台大型演唱会，同样是在央视演出的平台上。演唱会上，我将家乡的《茅山号子》搬上了舞台。说起这《茅山号子》，那也不是一点来头没噢！1956年，作为第一代号子传承人的朱香琳，就曾将《茅山号子》唱进中南海，还受到过毛泽东主席的接见。2008年，兴化籍独立制片人仲华拍摄的一部纪录片《号子茅山》，曾获得第十四届马赛国际电影节大奖。

在演唱会上，著名歌手周杰伦与号子国家级非遗传承人陆爱琴等配合演唱，反差之巨大，出人意料。尽管周杰伦听不懂陆爱琴等人淳朴地方口音的民间小调，但他还是为陆爱琴她们悠扬婉转的曲调、生活气息浓郁的表演所吸引。连连称奇的周杰伦，终于按捺不住自己的情绪，用手中的麦，现场为陆爱琴她们的演唱加入和声，赢得了全场观众潮水般的掌声。

诚如读者诸君所知晓的，民间说唱遍及各民族、各地区，内容丰富，形式多样，据不完全统计，有300余种。在我工作和生活的泰州地区，亦有着丰富的民间说唱资源。请允许我择其具有代表性的表演形式，向诸位介绍。花开两朵，先表一枝。

先说在泰州东部地区的泰兴，有一种说唱形式：泰兴说唱。提及泰兴说唱，有一个唱本不得不提，那就是《玉如意》；提及泰兴说唱，有一个人不得不提，那就是泰兴说唱代表性传承人傅文章。

《玉如意》是泰兴说唱中极具代表性的一个唱本。泰兴说唱，又叫泰兴唱书。据《扬州曲艺志》记载，泰兴说唱的表演形式，为一人手持唱本，无伴奏根据唱本说唱。以七字调、十字调为主，唱书书目颇多。其中流传最广的，便是清乾隆年间的《玉如意》和清道光年间的《扒抢记》。这两部唱本均为泰兴人所编创。《玉如意》先后曾有手抄本、木刻本、刊印本行世。

《玉如意》唱本用的是吴语及江淮语结合的泰兴方言。清时，泰兴先后属泰州、扬州、通州、苏常道管辖。在这些地区，《玉如意》说唱曾广为流传。就连浙江的杭州也曾盛行一时。然而，随着各地其他艺术形式的丰富和发展，《玉如意》说唱的影响力有所减弱，但在“三泰”（泰州、泰兴、泰县）地区、以及南通的部分地区，仍然十分流行。这当中，尤以泰兴一带流传更为广泛，几乎是家喻户晓，口口相传。

这里补充一点，泰兴说唱以“如意大调”之调式演唱，源于《如意娘》，历史十分悠久。据宋代郭茂倩注解：“乐苑曰：《如意娘》，商调曲，唐则天皇后所作也。”自唐中宗公元705年去周复唐之国号，《如意娘》从宫廷流传至民间。中原百姓一度南迁，《如意娘》随之流传至泰兴一带，逐渐发展演变成泰兴的“如意大调”。泰兴人严振先择“如意大调”，与《玉如意》书稿相配，形成了说唱脚本。

而《玉如意》一书，则是讲述浙江嘉兴府郝廉与同仁县邬厚二人，在同一年乡试入榜，之后分别至山东郯城和沂州府为官。郝、邬二人兴致相投，志同道合。于是，邬厚便将5岁之女云英许配给了郝廉4岁的儿子郝砚耕。郝家十分看重这门亲事，以祖传白玉如意为过聘之礼。3年后，郝廉病故。郝家却因郝廉在任时亏空县衙数千两银子，而被官府追逼。郝家万般无奈，只得变卖家产以还官府之债，以致一贫如洗。

十分难得的是，邬厚对郝家关照有加，承担了郝砚耕就读的相关费用。及至郝、邬两家结亲儿女长大成人，变故又起。长大后的云英，不愿意再履行早年的婚约。其妹琼英遵父命代姐嫁给了郝砚耕，云英则嫁给了贪官钱通之子钱一雄。后来，郝家公子高中状元，而贪官钱通因贪赃而被处死。

世事变化，引发出一幕幕家族兴衰、个人命运起伏跌宕的曲折故事。就是这样一部揭示封建社会世态炎凉的劝世之书，在“文革”期间也难逃厄运。泰兴艺人记谱整理的《玉如意》，绝大多数视为“四旧”被销毁。

行文至此，该泰兴说唱中的一个重要人物登场了，他就是傅文章。这位泰兴土生土长的文化人，在其父亲的影响下，想方设法，从为数很少的藏家手中求得极其珍贵的手抄本，从一些艺人口中搜集尚在传唱的部分唱段，系统收集整理《玉如意》唱本。历经数载，傅文章终于将原本零散残缺的《玉如意》，录制成了长达12小时的“如意大调”说唱全本：《玉如意》MP3。那些怀念《玉如意》的泰兴人，那些喜欢说唱《玉如意》的泰兴人，纷纷向傅文章投去了赞许的目光。

然而，傅文章的努力还没有停止。他用自己手中的笔，将《玉如意》这样一个历史故事，改写成了一部22万字的长篇小说《红尘梦》，于2005年在作家出版社出版面世。傅文章此举，让我想起汪曾祺老先生关于为何从事剧本创作的一个想法——他强调要增强戏剧剧本的文学性。

傅文章长篇小说《红尘梦》的出版，显然将《玉如意》从民间文学的层面提升到了纯文学层面，其影响力和影响面，都有大幅度提升。目前，傅文章正在对说唱全本《玉如意》进行全面整理，在现有MP3的基础上，制作出版正版的《玉如意》光碟，让泰兴说唱世世代代流传下去。

当然，泰兴说唱远不止《玉如意》一部唱本，其书目较为繁多，内容亦颇为丰富，涉及儒、佛、道等多种传统文化，保留了大量的从古至今泰兴周边地区的民间习俗、风土人情，具有多重研究价值。可以这么说，泰兴说唱是一个民间曲艺的宝藏，还有待更多像傅文章这样的有识之士来进一步研究、挖掘。

说完了泰兴说唱和傅文章，再请读者诸君听一段兴化锣鼓书——

敲起锣鼓声声震，
说说唱唱道真情。
邻里相帮无争纷，
娘舅评理一家亲。
夫妻齐心家业盛，
创业的故事天天新……

这一幕发生时间为：2020年10月10日；地点为：北京全国农业展览馆；表演者：葛彦。她可不是什么说书艺人，而是兴化昌荣镇副镇长。由农业农村部选拔的全国7个“县乡长说唱移风易俗”优秀节目，于2020年的10月10日在北京全国农业展览馆首次面向全国观众演出。

作为江苏唯一的代表，昌荣镇原创的锣鼓书《移风易俗看安仁》，在展演活动中惊艳亮相。

年轻的副镇长葛彦亲自上阵，用兴化锣鼓书，说唱安仁村移风易俗新鲜事，让人眼前一亮。全程锣鼓书的表演，通俗易懂、生动活泼，地域特色浓郁。婚事新办，敬老爱亲，邻里和睦，文明祭祀，一朵朵乡风文明之花，在北京全国农业展览馆的舞台上绽放。

兴化锣鼓书，顾名思义，是指在兴化地区流传的一种民间说唱形式，俗称“鼓儿书”。从前文陆游的那首《小舟游近村》中不难发现，鼓儿书极具草根性。

兴化锣鼓书和其他地方的鼓儿书一样，由两人演唱。其中敲鼓的艺人为主唱，他一边敲击面前架子上的鼓，一边大声说唱。而另一个敲锣的艺人，只是随主唱的节奏，应声附和，间或敲击几下手中的铜锣，以渲染一下表演现场的气氛。

说锣鼓书的艺人，多半用“七字段”，叙述一些古代传奇、故事，如《杨家将》《扈家将》《八美图》《九美图》《十把穿金扇》《六段锦》《八段锦》，以及更为人所熟知的《三国演义》《水浒传》之类。

在兴化一带，说锣鼓书的艺人们通常会唱鼓儿书，而这些鼓儿书的话本故事大多与鼓词紧密相关。鼓词的源头则可以追溯至先秦。传说庄周就曾背鼓四处游说，被民间艺人尊为祖师爷，且每年农历的四月十八，都要为他做生日祭祀。如果说，传说不能完全相信，那么文献记载则有案可稽。在《荀子·成相篇》中，就已经出现了以七言为主体、采用韵文唱词形式来叙述历史人物故事的内容。而在成都出土的汉代“说书俑”，其打鼓张口说唱的形态，与现今说唱艺人说鼓儿书时的神情完全一致。

这里，不能不提及一位大师级的人物——柳敬亭。据《明史·左良玉传》记载：“有柳生敬亭者，号称柳麻子，善说评书，游将军门，抵掌谈忠孝节义大事，奋髯瞋目，良玉闻而动色。佐之以弦索曰弹词，节之以鼓板为鼓儿词，鼓儿词曰打鼓书。”《江湖丛谈》一书中，亦有关于柳敬亭的传说记载。说柳敬亭常回泰州演唱，当大秋丰收，劳工困顿，所操之事甚微。柳先生便用两块破梨片当板儿，一手击案，一手敲破梨片，开始说唱，很是动听。

明末清初思想家黄宗羲曾专为柳敬亭作传，有《柳敬亭传》存世。黄宗羲在《柳敬亭传》中既概括交代了柳敬亭说书技艺之精湛、影响之广泛，又系统介绍了柳敬亭走上说书道路的经过，特别是其演技如何精进之过程。同时，也写了柳敬亭为左良玉所赏识，倾动朝野时的荣耀，以及明亡后柳敬亭归于清贫，重返民间操旧业，将说书技艺推至炉火纯青之境。

地级泰州市成立后，地方党委政府一直致力“梅”“桃”“柳”戏曲文化三家村之打造。所谓“梅”，是指梅兰芳。地方上在梅兰芳史料陈列馆的基础上建起了梅园，每年还要举办梅兰芳艺术节。近年来投资打造了一出京剧《梅兰芳》，设想过进行全国巡演，受新冠疫情影响，推进速度有所减缓。

所谓“桃”，不是人名，而是作品名，即《桃花扇》。《桃花扇》为孔尚任所著，“借离合之情，写兴亡之感”。清康熙二十五年（1686 年），孔尚任奉命随工部侍郎孙在丰往淮扬疏浚黄河海口，历时四载。这期间，孔尚任在其借住的陈庵里完成了《桃花扇》二稿。地方上依托陈庵，建起了桃园，种植桃树逾百种。每年桃花盛开之时，桃园倒也是姹紫嫣红，游人如织，但似乎与孔尚任没太大关系。

所谓“柳”，便是柳敬亭。他实姓曹，因“犯法当死，变姓柳”（黄宗羲语）。泰州人并没因为这些，而减少对这位扬州评话开山鼻祖之崇敬。借助他老人家的影响力，地方上建起了中国评书评话博物馆，在此馆基础上建起了柳园。柳公祠、打鱼湾、饮香书场等景点，引人驻足，平添对一代宗师之景仰。

柳先生说唱的影响十分广泛，里下河地区特别是兴化受其影响更甚。

兴化锣鼓书的唱腔以民间小调、民歌为基础，多半为四句式。这与古老的鼓词稍有不同。鼓词唱词多为七言、十言，而七言多为四三结构，可适当加入衬字、嵌字。十言则有两种句式，一种为“三四三”，另一种为“三三四”。

兴化锣鼓书表演更多地在城乡的庙会、乡会、行会等场合进行表演。兴化城里的一些古老行业，几乎每年都要举行祭拜祖师的活动。说唱艺人到场，头一桩事情是帮助整治礼仪。如铜匠会、铁匠会要请出李老君来祭祀，钉秤会则是请出伏羲氏来祭祀。其祭祀活动颇有讲究：得先挂皇榜，扬幡，再领交猪，之后开坛，邀九郎去恭请诸神下界。这时，说锣鼓书的艺人便会边说边唱，陈述请诸神下界的种种理由及虔诚之心。这九郎是谁？古之大将军魏徵的第九个儿子是也。为何要邀九郎来请诸神下界呢？他一小小少年郎，哪里来的如此良好的神脉资源呢？我弄不清楚。这九郎去西天邀诸神，还是颇费一番周折的。他先要去东海，向东海龙王借得蛇蚤宝马，再到山西赵太保家借得马鞍，之后还得再去东海求助于龙王的三小姐，因为东海龙王的三小姐有一支紫金鞭。如此折腾一番之后，九郎才能上路。你还别说，真是不易。

观赏兴化艺人表演锣鼓书，你会感受到那循环往复的曲调、高亢明亮的嗓音、声情并茂的表演，具有着独特的艺术魅力。

而兴化锣鼓书这样一种民间曲艺形式，其传播传承则完全靠艺人们口口相授。目前，在兴化能够表演锣鼓书的，除了昌荣镇蒋氏第十一代传人蒋宗源，还有中堡镇的陆焕章之徒程永贵等人。程永贵，现已年近古稀，由于天生一副好嗓子，加之从小就喜欢鼓儿书，在中堡当地还真小有名气呢。后来，他正式拜老艺人陆焕章为师，不仅演唱技巧大有长进，还得到了师父珍藏多年的鼓儿书孤本。

现在，程永贵已经整理出了师父留下来的几十套鼓儿书，并且将它变成了自己表演的宝贵矿藏。据说，他和他的徒弟每年在兴化农村要演出 40 多场。正是因为有了像程永贵这样的民间艺人执着于鼓儿书这一民间艺术形式，才使得其得以传承下来，并且不断发扬光大。

向“程永贵们”致敬！

脱胎换骨的转化

转化，在我们的日常生活里可谓是无处不在，无时不在。转化，有精神的，有物质的；有显性的，有隐性的；有短暂的，有持久的。转化，改变着我们的生活，改变着我们，改变着世界。

央视几年前有一档节目，曾经火遍大江南北，叫《舌尖上的中国》，是讲美食的。其中有一集叫《转化的灵感》，讲人们“怀着对食物的理解，在不断地尝试中寻求着转化的灵感”。从云南边陲，到辽阔草原，再到皖南徽州，一粒大豆，几经转化，在当地人手里会呈现出水豆腐、奶豆腐、毛豆腐。一粒大豆，如若经过更深入地转化，便会成为美味的“酱”。

我在本文里要说的转化对象，则更为普通寻常——泥土。泥土自身平淡无奇，从来就不是什么稀罕物，很少用来进行货币交换。这不禁让我回想起有人曾说过的话：这世上，最重要的东西，往往似乎并不值钱。譬如阳光、空气、雨水，当然也包括泥土。然，泥土的转化，却极其广泛，纷繁复杂，一则短文难以穷尽。

于本文，我只能以“点”带面，“点”到为止。从家乡泥土转化中，选取相互关联的一二例，略作叙述。

先说溱潼砖瓦。溱，在河南驻马店则读“zhēn”，为古水名，特指溱头河。这一名称，在《孟子·离娄下》中有所记载。此字在我们当地读作“qín”，有点儿秀才识字读半边的意味。民间一直流传着这样一种说法：溱潼，原本叫秦潼。后为避秦始皇讳，改作溱潼。此地多水，改得倒也合适。可当地百姓似乎不买皇帝老儿的账，出口仍旧读“qín”，而不读“zhēn”。于是乎，溱成了多音字。

旧有“犬吠三县闻”之说的溱潼，地处里下河腹地姜堰、东台、兴化三地交界处，今属泰州所辖之姜堰区。其作为千年古镇所在之地域，已是名闻遐迩的国家4A级景区。

随着溱潼古镇旅游业不断升温，前来古镇的全国各地观光客日益增多。特别是每年清明节前后，因会船节的带动，更是人如潮涌，络绎不绝。我曾经在《在旧时光里沉醉》一文中详述过溱潼会船节的壮阔与激荡，此处不再赘述。

可以肯定的是，看过会船的观光客，会不由自主地想要到古镇上走一走，看一看。

“扑面而来的是一条街，更是一股久违了的亲切的气息，是一阵似曾相识的熟悉的气韵，让我们立刻地沉浸在一种欢乐而又宁静的气场中，我们的心一下子就被打动了。”第一次来溱潼的江苏省作协原主席范小青女士，就有了乡亲般的亲切。在她的笔下，溱潼的老宅与老宅之间，“它们是紧紧连接、是互相搭配的，它们互为一体、呵成一气地成为这条老街的框架，成为这条老街的顶梁柱，这里的老宅，既有江南民居的精致，又有北方院落的气概，它们是历史留给溱潼的最珍贵的记忆”。

作家俞胜在文章中写道：“溱潼古镇最令人神往、最令人流连的是三棵树。一棵是唐朝的国槐，生长在以这棵树得名、一座有着久远历史的绿树禅院里。第二棵是宋代的山茶树。溱潼人喜滋滋地告诉我们，这棵树是目前国内发现的人工栽培山茶基径最大、树体最高、树龄最长，而又生长在长江以北的唯一一棵万朵古山茶，这棵有着‘世界茶花王’之誉的‘国宝级’古树，已与云南丽江茶花王结为‘姐妹花’，与台湾草山红山茶喜结‘团圆树’。第三棵树不是明代的黄杨、皂荚，也不是清代的木槿，而是那出了‘一门三院士，祖上是状元’的李氏谱系。这棵树比唐国槐、比宋山茶长得更茁壮、更葳蕤。”

不难看出，俞胜在写了“唐朝国槐”“千年山茶”之后，笔峰一转，抒写了具有爱国情怀的李氏家族，特别是李德仁、李德毅、李德群三位院士，叫人赞佩一个作家的眼光。

就普通游客而言，那万朵齐放的千年古茶，那绿树禅寺前神奇的古槐，当数最爱，不可忽略。但是，我要友情提醒一句，如果你能到“溱潼民俗风情馆”看一看，那定会别有一番不同的感受和体验。

这里陈列着溱潼地区出土的唐砖宋瓦，制作精致，色如绿豆青，叩击之后发出的声响，有如金属般的清亮脆响。放眼望去，小砖、望砖、城砖、井砖、板砖、罗底砖，小瓦、大瓦、脊瓦、猫头、滴水、竹山沟瓦，品种繁多，形态万千，古朴大气，让人领略到溱潼窑工的智慧与辛劳，亦让人遥想溱潼窑业曾经有过的繁华与辉煌。据说，在秦汉时期，这里就曾有过七座颇具规模的窑厂，每到夜幕降临的时候，七座窑厂便是窑火通明，有如天穹的北斗七星，闪耀在里下河茫茫水乡，灿烂夺目，蔚为壮观。

实在说来，溱潼并没有得到大自然太多的恩赐，既无矿藏，也无油田。然，这里雨水充沛、土地肥沃，这就足以让溱潼人安居乐业，在这片土地上繁衍生息。

制作砖瓦，便是溱潼人赖以生存的一种手段。而溱潼黏土，则为制作砖瓦提供了宝贵的原材料，使窑业的发展成为可能。据有关专家介绍，溱潼黏土经过千百万年湖水的浸润与锤炼，炼就了其柔软似水却又坚硬如钢的特性，是难得的烧制砖瓦的上好材料。

溱潼砖瓦的制作过程，分为取泥、制坯和烧窑三大步骤。然而，前72道工序，道道要紧，马虎不得。一方砖，一片瓦，看似平淡，它凝固的是窑工们的心血和汗水。

取泥。溱潼拥有大量的湖荡湿地，黏土资源丰富，窑工只要进得湿地，便能从河里、湖中取到所需黏土。窑工取泥多用“罱子”，一种由两根竹篙熏弯绞链在一起，在竹篙根端装有“罱口”的农具。使用时，两手分别握住两根竹篙，让“罱口”张开入水，贴河床、湖床向前推进，河泥、湖泥便会进入罱中，估算着罱子里泥够分量了，即可夹紧罱口，往回收篙。然后借助水中浮力，将罱子端进船舱。说实话，这罱泥还真是个力气活儿，一罱子泥，没有一把力气，还真提不到船舱去。有时候，蛮力也不一定管用，得会用巧劲。用罱子作业，多半是在冬季或是早春。夏秋两季，窑工取泥则干脆得多。早先时，窑工们是浑身精光，站在齐腰深的水中，凭脚踩挖，也有用铁锹的，这样踩挖出的是一大块一大块的泥团，质态与罱取之泥完全不同。泥团质地之硬，显而易见。

新取的黏土，要“捂”。其程序是，先去除黏土中的杂质，将其堆成两尺高的土墩子，之后给土墩子盖上草帘子，洒适量水，“捂”过一夜，泥块的黏性便会增加，接下来便可进行另一工序：“篦泥”。篦泥所用工具是马鞍锹，从上“篦”到底，“篦”好后洒水，转下道工序：“造泥”。人站在泥墩上，手扶马鞍锹，用脚在泥里使劲踹，力气越大越好。懂行的人踹起来，脚下会发出“嗵！嗵！”的声响。“造”好的泥，再“篦”一遍，就成了“熟泥”，同样得盖上草帘子，以防干裂。制瓦的泥得“篦”三遍。

制坯。制坯多数时候由妇女来完成。妇女们坐在普通的板凳上，先在砖模具内撒上些草木灰，防止脱坯时黏住模具，不好脱。之后取熟泥，装模，括平，脱砖。这里值得提醒的是，装模时，熟泥是用力“掼”进去的，脱砖时砖坯要脱在专门的板子上，一块板子上通常脱放36块坯，码在专门晾干砖坯的地方，盖上草帘子，不让太阳直射，还是为了防干裂。码砖坯时，多半码成“人”字形，如此通风效果好，易于吹晾。

瓦坯的制作，当然要比制砖坯难度大，且工序复杂。从泥塘取熟泥进作坊间，宕瓦垛子。宕好的瓦垛子，3尺高，2.5尺长，2尺宽。之后，用推剔推成三块泥条子，去除杂质后用刮板抹平，然后再推一次。这时，制坯的人双手捧着泥条子两端，套在棱盘上的瓦骨上，把接头捏紧，转动棱角，用含水的草端把拉一转，之后，再用木手把进行敲打，以保证瓦筒子厚薄均匀。再用断板将上口切齐，去除多余的泥块。这时便可拎起瓦骨，把瓦筒子送到瓦场上，松开瓦骨，剥开瓦衣布，让瓦坯晾干。瓦坯晾干到一定程度，有一道工序在等着，那就是“圈圆瓦”。先“圈”上口，再“圈”下口，以纠正瓦的弧度。“圈”好的瓦坯，两片成一筒，继续放置瓦场晾干。等到瓦坯真正干了后，又有一道工序要做，那就是“打瓦”。懂行的人站着打瓦，两手把瓦筒捧在跟前，手一折，即成4片，一手抓两片。打好的瓦，还要按弧度调整顺当，上坯条。瓦筒子脱在瓦场上，和砖坯一样，要盖上草帘子。

烧窑。顾名思义，烧窑就是将晾干成型的砖坯、瓦坯，送进窑洞里烧制。然而，事实上并非如此简单。烧窑前，先得装窑。否则，无坯可烧。清扫窑堂，是装窑前必做之事。整个装窑过程，是由挑窑工、接窑工、装窑工共同完成的。一座窑，如果要装窑的话，得有8到11个窑工。挑窑工先将砖坯（瓦坯）挑上窑，壁在窑厢上，由接窑工从上往下抛，如果是砖坯，通常抛4块，要让4块砖坯紧贴着抛下，也不是件易事，是需要基本功的。当然，对于常年从事这一工种的窑工而言，并不费难。砖坯到了指定位置后，便是装窑工的事情了。

与挑窑工、接窑工相比，装窑工所从事的工作要复杂得多。装窑工首先要对窑堂的情况十分熟悉。靠窑门的前半部称为前堂，后半部为后厢。前堂装平砖，后厢装竖砖。后窑门至后厢，有一条2尺宽的火堂，亦称“兔堂”。前堂和后厢之间留有拦为巷。兔堂左右两侧装7层脚砖，再装13层后，所装之砖渐渐中出，层层出，层层扣，直至两侧出砖合拢，窑工们称之为“合冠子”。上面装4层平砖，叫“平步”。前堂的拦火壁，装成笔直的，后厢逢丁砖揳紧，旁砖则不揳。后厢拦火壁7层往上逐渐出砖，靠拢前堂。合冠子4层以上，装入“人”字形花砖。装窑时，讲究的是“上密下松，中厚壁稀”。每壁之间得留有一定的距离，以保证火路通畅。满窑后，要“拾顶”。在花砖上用一层平砖盖顶。之后，铺草，压土，做窑顶。这一系列程序完成后，便可以烧窑矣。

点火前，烧窑师傅先要焚香敬窑神，祈求烧窑顺利。正式烧窑，采取的是两班制，一班半天，每班有“大火”师傅和“帮火”工。“大火”师傅负责掌控火候和进度，“帮火”工则是协助拉草打杂的。升火后，“大火”师傅先到窑顶扒开4个烟囱，分别为前堂两个、后厢两个，以便于窑堂“出烟”和“大火”师傅“看火”。“大火”师傅刚开始，负责观察炕火的情况，他通过逐渐升高窑堂内的温度，为装在窑堂内的砖坯进行预热，以确保砖坯不会因为急火而裂开。

烧过一夜后，便改烧淌火。这烧淌火，得“大火”师傅亲自动手，“帮火”工是帮不上忙的。此时，“大火”师傅须不时到窑上“看火”，掌握火候。淌火之后是快火，快火之后是齐口火。刚点窑时，窑厂上空浓烟滚滚，随着窑内温度升高，窑烟逐渐变淡，直至变成缕缕白烟，飘入天际。等到窑火呈蓝色，“大火”师傅便开始“熬火”，也叫“关色”。之后就住火，封烟囱，避二门，将窑堂门砌起，再用泥封好。如此一来，纷繁复杂的烧窑环节便完成了。还有一道程序，窨水后，便是“出窑”。这时，便可见到众多窑工辛辛苦苦的付出所带来的成果，带着泥土和木草香的砖瓦新鲜出窑了。这时，“出窑号子”便在窑工们中间喊起来——

72道手脚一块砖，
道道毛孔出汗珠。
砖砖相碰声如磬，
块块烧成绿豆青。
一窑砖头有几等，
各等各级要划清。
砖壁三百五一方，
落户谁家砌华堂。
远处走来小娇娘，
买砖买瓦建新房。
世上姑娘千千万，
窑工光棍儿排成行。

溱潼人将脚下的泥土进行一次转化，通过烧窑制砖瓦世代为生，生生不息，技艺传承千年。这不仅为他们自己创造了生活的源泉，更为子孙后代奠定了坚实的生存基础。与溱潼相距不过百余里的戴窑人，则将泥土进行了再一次转化，在烧制成的砖瓦上施展技艺，诞生了名震京城的品牌——戴窑砖瓦雕刻。

这里所说的京城，不是人们惯常以为的北京，而是南京，明朝的京城。当时此地窑业有多发达，从地名亦可知也。有民谣为证——

戴家窑，
戴家窑，
南北三座桥。
七十二座窑，

朱洪武南京筑城墙，

一道圣旨到戴窑。

这首民谣自明朝初年以来，就一直在兴化戴窑地区流传着。

关于戴窑，著名学者、我的老师费振钟，在其专著《兴化八镇》中有专章论述。从费老师的论述中可知，戴窑人在泥土的转化上，是做足了文章的。“早先，戴窑人并没有从事烧制砖瓦的行当，遑论雕刻。戴窑人从事的是烧盐。戴窑烧制海盐的历史（地方志认为在唐代），海潮对这里的土地持续性的‘碱化’威胁，一直是戴窑地区垦殖中的问题，它使戴窑成为良田的历史显得艰难而缓慢。”

相传在公元 1368 年，朱元璋的著名军师刘伯温在出游戴窑时发现，此地南有青龙桥、八卦池，北有凤凰嘴，整体布局大有卧龙栖凤之势。他不禁回想起当年吴王张士诚率领“十八扁担”上戴窑，与朱元璋一同争夺天下的往事。这样的故事怎么还能再上演呢？于是，刘大军师下令：在戴窑建窑 72 座、凿井 72 眼，大破戴窑之风水。如此一来，戴窑夏家嘴子建窑 7 座，八卦地建连体大窑 8 座，李家嘴建窑 4 座，张家嘴建窑 5 座，地势险要处建窑 15 座，靠近集镇建窑 5 座，再加上戴窑河北的西窑头、北窑头等共计 72 窑。与 72 窑相对应，开凿井眼 72 处，以此来破除戴窑的大好风水，阻止“吴王”之类东山再起。

刘伯温此令一下，带来了戴窑镇窑业的空前繁荣，催生了与窑业相关联的砖瓦雕刻工艺的快速发展和工艺水平的大幅提高。1973 年 2 月，在戴窑砖瓦厂旧址发掘的 5 块大城砖上，有“扬州府提调官同知竹祥司吏陶旭、高邮州提调官同知常松司吏纪衡、兴化提调官主簿樊弘道司吏赵宗”字样凸现，背面刻有“×× 年 ×× 月 ×× 日窑匠胡士一”。大城砖砖体长 44 厘米、宽 21 厘米、厚 12 厘米、重 18 千克。经查实，现今南京中华门北门向南第三层第 21 块城砖，以及现今坝城墙藏兵洞对面两块城砖，与在戴窑砖瓦厂旧址出土的大城砖形制规格完全一致。这一发现，无疑证明了戴窑砖瓦曾经的辉煌与悠久历史。

戴窑砖瓦雕刻，主要体现在“门楣砖”“罗底砖”“瓦档”等载体上。其雕刻形式可分为花纹类、铭文类、图案类等三大类别。花纹类有云水、花卉、草木之类，铭文类有“天宫赐福”“黄金万两”“福禄寿财”之类，图案类有各式人物造像、各种动物造型。此外，还有一些砖雕工艺品，如兽头、龙对头、凤对头、狮对头等。观赏把玩之余，民间砖瓦雕刻艺人们的技艺不禁让人赞叹不已。他们精细的刀工、精准的线条、精巧的构思、精美的图案以及精彩的造型，无一不显示出无穷的创造力，无一不散发出无穷的魅力。

戴窑砖瓦雕刻是在砖瓦这一载体上进行的。因此，砖瓦坯胎制作的质量直接影响着雕刻工艺水平的展现。因此，“取土”“造泥”“制坯”每一个环节都必须做到位，戴窑砖瓦制作所取之土，需用面层土，其凝固性强，不易爆裂；造泥主要是用脚“踹”，“踹”的功夫到家，泥才能“熟透”、起黏，加工制作时才不会摊、散；制坯关键点是把握“脱坯”关，检验标准是无麻脸、六面光、八角齐、无裂缝、无崩胸，最后还要立得稳。

戴窑砖瓦雕刻，关键之关键当然是“雕刻”。所用工具倒不复杂，一把小铁刀，几把形状各异的篾刀。篾刀有平口刀、斜口刀、三角刀。小铁刀和篾刀各有分工，如果需要剔除的面积稍大一些，得“挖”，用小铁刀；细部刻划，用篾刀。篾刀使用讲究用刀要准，深浅一致，线条匀称，铲底平整。这样才能保证雕刻作品的生动、完整。

当然，“烧制”之工序也十分重要，这是“出作品”的最后一道环节。需要注意两个方面：一是装窑，一层一层，层层扣装；二是“用火”，整个烧制过程靠的就一个“火”字，火候掌握很是重要，直接关系作品的成败。“看”“排”“分”“闭”，考验的是烧制师傅的硬功夫。

经过一道一道繁复的工序，眼看着一件件形象生动、古朴雅致，并且富有丰厚文化积淀和鲜明民间风味的雕刻作品，走出戴窑，走向大江南北，走进千家万户，那些从事砖瓦雕刻的艺人内心该是怎样的欣慰和欣喜呢！

行文至此，我不得不说，溱潼砖瓦也好，戴窑砖瓦雕刻也罢，其由泥土而转化，可谓是脱胎换骨。然，它们更为重大、影响更为深远的转化，则早已超出了砖瓦和砖瓦雕刻本身。戴窑“窑工传人”韩德粹，在自编的《戴窑窑文化》一书中，收集了大量明、清时期戴窑的砖瓦实物资料，其青沉黛重的色调，充分印证了里下河地区乡镇建筑风格之源。

诚如费振钟先生所记述的，“要说这些由土壤的自然质地与火工造作技术相结合提供的基本建筑材料，构成并延续了里下河地区数百年来乡镇建筑厚朴质实的风格，且与地方性格和气息合为一体，戴窑无疑具有创设之功”。

我们姑且不论当年那些辛苦勤勉的窑工，能不能预料自己的“掘土而作”，会产生今天这样的历史和文化结果，但是，我们现在回溯戴窑窑业发展历史，不难发现其在带动地方经济社会发展的同时，已转化为一种更为深刻的“文明传承”。

现代以来，钢筋水泥虽然取代了砖木，被著名作家赵本夫先生称之为“无土时代”。然而，近20余年来，“文化复古”之风兴起。戴窑因烧制“古小砖”而被列为“传统建筑”专供材料，这或许是戴窑窑业历史和文化价值在新时代的一种体现，尽管这种体现显得有些被动。如果我们乐观一点，将其视为一种转化，是否会给溱潼、戴窑等地古老的窑业带来新的生机呢？！

拆除藩篱，让生命信马由缰

生命的光辉绽放，需要自由生长的空间。这是常识。早在 1847 年，一个匈牙利诗人就曾写下过这样的诗句：“生命诚可贵，爱情价更高。若为自由故，二者皆可抛。”

一个人，从母胎孕育开始，直至降临人世，再长大成人，虽褪去了最初的痕记，以及蜕变成漂亮宝贝，甚至长成俊男靓女。然而，在“青蛙”变“王子”、“灰姑娘”变“公主”的过程中，人必然为许多外在的、内在的藩篱所牵绊，失去了无比宝贵的童贞和天性。

人类亦是如此。从法国纪录片大师雅克·马拉特的电影《人类的起源》中，我们得知，1000 万年前，几个勇敢的先行者颤抖着站了起来，成为人类的先驱。面对来自四面八方的危险，先驱们努力抗争，学会了创造，学会了直立行走。他们跨过整个大陆和海洋，探索并最终征服了这个世界。那时的人类，没有肤色之分，没有区域之分，没有种族之分，没有性别之分，亦没有宗教信仰之分，那是人类的童贞时代。

我们就是他们的后代！无论今天我们的肤色是黑、是白、是棕，还是黄；无论今天我们是居住在亚洲、欧洲、非洲、美洲，还是大洋洲；无论今天我们属于什么民族，有什么样的宗教信仰，有再多的区别和不同，都不能否认一点：我们曾经都是同一个祖先的后裔。

凭借着坚毅而顽强的生命力，祖先们把他们的本领传给了后代，血脉相连，薪火相传，生生不息，延续至今。正是凭借着人类血脉绵延不绝的传承，我们才能追溯自己的本源，去研究我们的过去并追随先祖的足印。

不难发现，人类在漫长的进化进程中，形成了许多宝贵财富。舞蹈，便是其中之一，它是人类与生俱来的一种本能艺术形式。这种用肢体姿态来抒发、表达情感，传达生产技能与信息的行为，在其诞生之初，没有地域、国界、种族和民族之分，是人类共通的形体语言与心灵感悟。

舞蹈源自古人之劳作。人类在长期的生产劳动中，大脑逐渐发达，经过锻炼的四肢，变得自由而灵巧，成为表达情感之载体。于是乎，人们情之所至，便极自然地“手之舞之，足之蹈之”。

“击石拊石，百兽率舞”，语出《尚书·益稷》，生动再现了先民们模仿狩猎时的情景：一部分人敲击石块狩猎，另外一部分人学着各种动物的样子跳舞。

原始舞蹈的诞生，不仅有典籍记载，而且有实物佐证。20 世纪 70 年代初，在青海大通县孙家寨的一处新石器时代墓葬中，考古学家发现了距今五千多年的一件彩陶盆。彩陶盆上部绘有 3 组舞蹈图，每组 5 人，形态颇生动。其身体微侧，相互牵手，动作协调。此 5 人，都经过了精心的装扮。头部饰物下坠，身后有装饰性的尾巴，显然是要化装成鸟兽模样。据相关专家介绍，这是迄今为止发现较早的舞蹈形象，弥足珍贵。

这种起源于人类劳动生活，从生命中流淌而出的舞蹈，理应保持其自由生长的旺盛生命力。在我的印象中，就有几支传承有序、风格各异且绚烂耀眼的民间舞蹈，值得向读者诸君推介。

安塞腰鼓。写下这四个字，我的头脑中浮现出的，是这样的画面：

朗朗晴空之下，厚厚黄土地上，于黄土飞扬之中，传来震天的鼓声和震天的吼声。一群金刚般精壮的陕北汉子，头上是耀眼的白（扎着白羊肚手巾），腰间是鲜艳的红（扎着红布带），下身是浓浓的黑（穿一色黑袄裤）。一个个精神抖擞、气宇轩昂，在牛皮大鼓的助威下，齐齐地舞动着。

你看——

他们前进、后退、踢腿、转身。碾、转、腾、挪，如入无人之境。他们一会儿是奔跃的猛虎，一会儿是翻腾的蛟龙。黄尘漫天，人影迷幻。鼓点激越，吼声飞扬。

这些安塞的舞者，带来了千军万马奔腾不息之壮阔，他们带来了滚滚黄河咆哮轰鸣之激荡。

这 150 条陕北汉子，演绎了安塞腰鼓之于生命的狂想。

这一幕发生在陈凯歌执导、张艺谋摄影的影片《黄土地》在安塞的拍摄现场，时间是 1984 年 5 月。

由此，安塞腰鼓走出了黄土高原，走上了央视春节联欢晚会的舞台，走进了第 11 届亚运会开幕式，参加了国庆 45 周年、国庆 50 周年天安门广场庆祝游行，登上了香港回归的庆祝大典。刘延河、谭海则、白光东等安塞鼓手，因表演安塞腰鼓获得了中国民间舞蹈最高荣誉大奖，安塞被文化部（今文化和旅游部）命名为“中国腰鼓之乡”。

安塞腰鼓，让黄土地上那种粗犷豪放、剽悍威猛、刚劲激昂、大气磅礴的生命张力，得以彰显与传扬。

苗族芦笙舞。花场上，悠扬舒缓的芦笙响起，一群苗族姑娘，银光闪闪，花枝招展，翩翩起舞。但见，姑娘们一个个绾发高耸，头插锦鸡银饰，颈戴银项圈，手戴银手镯，脚穿翘尖绣花鞋，脚腕系小银铃。最值得提的是姑娘们身上那开襟短绣衣和超短绣花百褶裙，以及裙前裙后的花围腰和后腰上的手织花带，色彩艳丽，绚烂夺目。

姑娘们和着吹芦笙小伙子的曲调，随着节拍的快慢舞动着，银角冠摇摇点点，银锦鸡跃跃欲飞，花飘带飘飘闪闪，百褶裙银羽翻飞。

此刻，吹芦笙的小伙子当然不会闲着，边吹芦笙边向心爱的姑娘“讨花带”呢。我倒是很佩服小伙子的眼神，于花团锦簇之中，一眼就能看中自己的心上人。要知道，花场上盛装的苗族姑娘们，恰似一个模子里克隆出来的，外来人根本分不清。当然啰，人家小伙子那是用心在看，自然心心相印。

你看，还真有姑娘将自己精心编织的花飘带拴在了小伙子的芦笙上，还给了一次含情脉脉的回望。不止于此，还有姑娘在吹芦笙的小伙子身后，尾随而舞，舞着舞着，将自己心爱的花飘带系在了小伙子的腰上。我知道，这叫“牵羊”。坏了，那一个吹芦笙的小伙子身后，怎么“牵”了不止一只“羊”？噢，几个姑娘盯上了同一个目标。那可咋办呢？嗐，甭担心！你看人家几个姑娘，牵着各自的花飘带，跟在小伙子身后踏节而舞，气氛好着呢！

我所描述的，是苗家“花山节”时所跳的芦笙舞，古时称为“跳花”“跳月”，多在风清月明之夜的花场举行。这样的时间节点，与青年男女约会很是相宜。

这也对芦笙舞流行的贵州、广西、湖南、云南等地的苗族小伙子提出了要求：不会吹芦笙，不会跳芦笙舞，就别想追到心爱的姑娘。因此，在这些地方，小孩子从小就开始学吹芦笙和跳芦笙舞，因为这关乎着他们的终身大事呢！

无论是安塞腰鼓的狂放，还是苗族芦笙舞的舒缓，都是一种生命的节奏，呈现出了不一样的生命姿态，散发着人性美之光芒。接下来，我愿为读者诸君再推介一支更为阴柔唯美的民间舞：孔雀舞。

提及孔雀舞，有一人不得不提，她就是杨丽萍，一个善于用肢体说话的真正舞者，一个从大山深处走出来的雀之精灵，一位顶级中国舞蹈艺术家。毫不夸张地说，是杨丽萍将孔雀舞跳到了极致。惟妙惟肖，纤毫毕现，一个精灵在她的舞蹈中诞生，一个生命在她的舞蹈中大放异彩。

孔雀，在傣族人眼里，是美丽和善良的化身，是智慧和吉祥的象征。他们习惯了和孔雀在一起的生活。于是乎，孔雀在山间飞跑、林中漫步、泉边戏水，相互追逐，亮翅开屏，凡此等等，无不映入他们的眼帘，成为他们的舞蹈语言。

清晨，一只洁白的孔雀飞来。它时而举头长鸣，时而轻盈地在头顶啄食，时而泉边俯首戏水，时而随风旋舞。杨丽萍在《雀之灵》中的表演，突破了具象的模拟，再现了孔雀的美丽和圣洁。手、腕、臂、胸、腰、髋……杨丽萍一旦踏入舞蹈的旋律，全身所有的关节都仿佛被点亮，散发着神奇的华光，灵性而超然的雀之灵就此诞生。如梦如幻的《雀之灵》，是杨丽萍对生命的认知和体悟，当然也蕴含着舞蹈家对人生的探索与追寻。

杨丽萍，指形变幻莫测，臂膀修长灵动，身体柔美妙曼，她不仅仅是向我们呈现一种美丽，更是呈现一种高洁。她用舞蹈，洗涤和净化着我们的灵魂。

有论者认为，杨丽萍的舞蹈证明了“民族的就是世界的”。我认为，此表述不太严谨。一直以来，有人将“民族的就是世界的”这一观点与鲁迅先生联系起来，但实际上，在《鲁迅全集》中，我们根本找不到这一表述的直接出处。如果硬要找个出处的话，那便是先生在《致陈烟桥》一文中，有一段由木刻创作转至文学创作的论述，现将相关内容摘录于此：

“现在的文学也一样，有地方色彩的，倒容易成为世界的，即为别国所注意。打出世界上去，即于中国之活动有利。可惜中国的青年艺术家，大抵不以为然。”

我想，这两者之间，似乎应加上一个字：性。明白说来，只有具有了“民族性”，方可能具有“世界性”，唯如此才能走向世界。否则，只能囿于某民族，囿于某一域，而自生自灭。这无疑给当下的“非遗保护”提出了更高要求。

说来，大量的民间舞蹈，同样存在“非遗保护”这样的课题。在我工作和生活的泰州地区，自然也会有丰富的民间舞蹈存在，地方上想方设法进行着非遗保护。这些地方上的民间舞蹈，从影响力和知名度来衡量，似乎无法与安塞腰鼓、苗族芦笙舞和孔雀舞等相媲美，然，它们自有其存在价值，为当地百姓所喜爱。

契诃夫曾言：有大狗，有小狗，小狗不该因为大狗的存在而心慌意乱。所有的狗都应该叫，就让他各自用上帝给他的声音。读者诸君不妨听听我笔下的两只小狗是怎么叫的。

先请听一段泰兴花鼓词——

媒人媒人你请坐，
你家姑娘不成货。
叫你姑娘去扫地，
拿起笤帚舞把戏。
……
叫你姑娘去洗锅，
蹲在水边摸田螺；
叫你姑娘去烧火，
火叉尖上炸白果。

从这首《媒人媒人你请坐》的花鼓词中，读者诸君不难发现，泰兴花鼓，通俗易懂、欢快诙谐，地域特色浓郁。

表演泰兴花鼓时，表演者手举红灯笼，边唱边舞。唱的曲调主要有“花鼓调”“跨金索”和“倒花篮”，皆为苏北地方民间小调。通常以“花鼓调”开场，表演者轻快的舞步、逗趣的动作，一下子就把现场气氛调动起来。之后的“跨金索”，则变得舒缓而抒情，让观众沉浸在花鼓的表演之中。在舒缓抒情的表演过后，“倒花篮”让音乐节奏一下子加快了许多，旋律也变得高昂起来，表演者腾空跳跃、滚动旋转，动作幅度大、表演难度高，将整个演出推向高潮。

泰兴花鼓在漫长的演绎过程中，形成了自己的经典动作：“喜鹊登梅”“玉兔拜月”“游龙戏珠”“金猴爬杆”“枯树盘根”等。

譬如“喜鹊登梅”，其动作特点是前后跳跃，灵动活泼，恰如登在枝头的喜鹊，不停地跳来跳去，动感十足。顺便说一句，曾经在1986年全国民间音乐舞蹈比赛中荣获一等奖的舞蹈作品《担鲜藕》，就借鉴吸收了泰兴花鼓中“喜鹊登梅”等舞蹈动作。

再如“枯树盘根”，男表演者托红灯，女表演者打莲湘，在5拍之中，女表演者紧紧围绕着男表演者，由低到高，自左而右，完成用莲湘两头击地、击脚、击手、击肩等十几个动作，一气呵成。在此过程中实现男女表演者位置互换，完成180度的身体旋转，呈现出一枝青藤缠绕大树的精彩情境。

泰兴花鼓通常由6人表演，又称“六人花鼓”。凡事也不绝对，不足6人时，2人、4人也可表演；多于6人时，8人、12人亦可同台。有一点，男女人数不能相差，须成双成对方可表演。

泰兴花鼓表演，多半在庙会、集市之类的活动上，以春节时表演为最盛。你想啊，忙碌了一年的庄户人，谁不想喜喜闹闹过个红火年呢？

这以红灯为主要道具的泰兴花鼓再应时应景不过了。红火、热闹、喜庆，当地百姓能不喜欢？！实在说来，人活于尘世，洗涤灵魂固然重要，享受世俗亦无可厚非。

再说一种流传于我老家兴化的民间舞蹈："判官舞"。据说，跟一个名叫李承的判官有关。

地处里下河水乡的兴化，河网纵横，地势低洼，水灾频发。受东部海潮的冲击，常常会地淹房毁。灾害严重时，甚至会家破人亡。在此境况下，人们只得外出逃荒，靠乞讨为生，日子苦不堪言。

到了唐大历二年（767 年），淮南节度判官李承主持建设常丰埝，在兴化东部筑起了拦海大坝。至此，海水不再倒灌，坝西泽地变良田，百姓安心耕种，日子得以好转。

兴化百姓将原有的傩舞，演绎成了纪念李承的"判官舞"。这判官舞，大致可分为"祈福""酬神""娱人""憎恶"四类。

祈福类。灾难频发，让兴化先民对大自然由恐惧而敬畏，于是乎，祈求神明保佑，多降祥瑞。这时候，"判官舞"中的"判官"，打开手中的"爱憎分明簿"，向观众展示出"敬重天地""天地良心"等字样，并配以叩拜、托魁、点斗等相应舞蹈动作。

酬神类。在求神如愿以偿后，当事者自有一番感激之意。"判官"同样要打开手中的"爱憎分明簿"，只不过展示的内容与祈福类不同，多为"孝敬父母""知恩图报"之类，"判官"也要表演"大开门""小开门""叩拜"等舞蹈动作。这一环节的音乐较为热烈、明快。

娱人类。"判官"为取悦现场观众，即兴展示自己的舞蹈才艺。为化解即兴表演能力稍差"判官"之尴尬，这一环节有一些程式化的逗趣动作，如"梳理马背""泼水浇马""牵马而行"等，可直接套用。

憎恶类。此时的"判官"一手执簿，一手握笔，在所展示的"忤逆不孝""仗势欺人""作恶多端"等字样上指指点点，并配以"撞钟""扫堂”“击鼓”等舞蹈动作。

顺便说一句，就“判官”这一表演角色而言，还有“文判官”与“武判官”之分。“文判官”，头戴乌纱帽，身着官袍，留有长须，一副慈眉善目的模样。但见其手拿“斗笔”和“生死簿”，一直处于工作状态。如果碰到“路祭”，抑或有民众欢迎，燃放了鞭炮之类，“文判官”便要当场表演。

“武判官”，与“文判官”的装扮存在显著差异，其背插靠旗，面涂油彩，手持锏锤。“武判官”立于高椅上，由四人抬行，因而又称“抬判”。“武判官”以毯子功为主，可在高椅上表演劈叉、展翅、翻滚、倒挂等高难度动作，吸引观众目光，赢得喝彩和掌声。

兴化判官舞的音乐，多为民间小调，诸如“八段锦”“苏武牧羊”之类，所用乐器有二胡、笛子、唢呐、月琴、堂鼓、响板，还有锣、钹之类。“判官舞”表演时，有专人负责指挥乐队与表演者的配合。特别是“判官”在表演高难度、激烈的舞蹈动作时，乐队的锣鼓点子一定要跟着紧张起来。用内行人的话说，要敲出“出窍”的点子来，这样才能让观众全身心地沉浸在表演当中，欣赏到完美的表演。

兴化判官舞，让老百姓敢爱敢憎，敢于挞恶扬善，活出“人”的模样。

是的，活出“人”的模样！饱受浸染的我们，饱受诱惑的我们，是否还记得先祖的模样？是否还记得来时的路？“我是谁？”“我从哪里来？”“我将到哪里去？”这经典三问不是一直在我们脑海中盘旋吗？！有答案吗？难说。

“初心”一词，近年来由热而至火。“不忘初心，方得始终。”我们真正严肃认真地思考过自己的“初心”吗？从“几个勇敢的先行者颤抖着站了起来”之后，人类所走过的几千年，被我们津津乐道的几千年文明史，被我们引以为豪的发展与进步，是我们的“初心”所需所求吗？该怎样衡量和判定？！

这一路走来，我们是否像丢进深潭之中的一只小小的田螺，若干年后，被捞出水面，虽然长大了许多，螺壳内饱满了许多，然，变大的螺壳上，也生长出了厚厚的垢和长长的绒毛。

毫无疑问，现代文明让我们有太多的附着和改变。在先祖那里答案何其明晰的“三问”，在我们这里却变得十分迷惘而纠结。能否拆除有形和无形的藩篱，让每个生命的个体在心灵牧场上信马由缰，自由奔放、恣意张扬，这将决定着我们能否回归宝贵的童贞时代、能否找到真正的希望。

这无疑极其艰难，似无路可寻。然，如若一试，不妨从民间入手。譬如，我们可以从民间舞蹈中蕴藏着的原始生命力中，去寻找生命最原本的模样和姿态。

但愿，当下我们各级各部门都在极力倡导的各种“非遗保护”措施，能让包括民间舞蹈在内的众多民间瑰宝得以健康生长，而不会成为它们发展的新藩篱。

于细微之处见精神

我是一个眼界和胸襟都不算开阔的作家。实在说来，如果不是汪曾祺先生在不断将其家乡高邮引入笔端的同时，也写到了我的家乡兴化，我必须向读者诸君坦白：我是不会像现在这样刻骨铭心地喜欢汪曾祺先生和他的作品的。

不妨试举一例。《大淖记事》是获得了全国优秀短篇小说奖的作品，堪称经典。汪老在这一经典中，就写到了我家乡兴化的锡匠："兴化帮"——

> 这里还住着二十来个锡匠，都是兴化帮。这地方兴用锡器，家家都有几件锡制的家伙。香炉、蜡台、痰盂、茶叶罐、水壶、茶壶、酒壶甚至尿壶，都是锡的。嫁闺女时都要陪送一套锡器。最少也要有两个能容四五升米的大锡罐，摆在柜顶上，否则就不成其为嫁妆。出阁的闺女生了孩子，娘家要送两大罐糯米粥（另外还要有两只老母鸡、一百鸡蛋），装粥用的就是柜顶上的这两个锡罐。因此，二十

来个锡匠并不显多。

…………

锡匠们上街游行。这个游行队伍是很多人从未见过的。没有旗子，没有标语，就是二十来个锡匠挑着二十来副锡匠担子，在全城的大街上慢慢地走。这是个沉默的队伍，但是非常严肃。他们表现出不可侵犯的威严和不可动摇的决心。这个带有中世纪行帮色彩的游行队伍十分动人。

从以上两节的摘录中，读者诸君便可知，我所言不虚。《大淖记事》描写的是民国时期的故事，其中兴化锡匠帮中的“十一子”是小说众多人物中较为重要的一个。汪先生的家乡高邮，与我的家乡兴化紧邻，同处里下河地域，两地不少风土人情是相似的。所录小说第一节，便是写高邮人喜欢用锡器之习俗，这与兴化人的习惯完全一样。第二节则是写锡匠们为了“十一子”游行的事，让读者了解到兴化锡匠是一帮什么样的人。

汪老先生的这两段描写，从一个侧面说明了兴化锡匠和锡器制作的影响力。试想，如果锡器制作这一行当，在兴化历史不悠久、不盛行，在周边地区不知名，断不会在民国时期的高邮，出现一个锡匠兴化帮。

事实也正是如此，锡器制作，在兴化可谓是颇具渊源。明朝初年，由于大量江南人移民兴化，带来了大量的民间工艺和江南文化。及至明中期，兴化就出现了 70 多个门类 300 多家商行和商号。这当中，占有重要地位的，锡器制作便是其中之一。随着民间锡器使用日益普及，锡器已经融入百姓的日常生活。兴化城乡，随处可以看到锡匠铺子和挑着锡匠担子的锡匠。

到了清朝中期，兴化锡匠已达数百人，并成立了自己的组织——“兴化锡匠会”。每年农历八月十八，是锡匠们集会的日子。这一天，无论离家多远，锡匠们都要赶回来。锡匠信奉“太上老君”为祖师爷，因此在集会时自然会祭祀他。在百姓中间，“太上老君”的口碑极佳，他因诸多善举而被人们称道。正因如此，老百姓一直对他老人家充满爱戴，使得祭祀“太上老君”的仪式得以延续至今。

游走城乡的锡匠们，所有的家当便是一副锡匠担子，作业过程也并不复杂。这在汪曾祺先生的小说《大淖记事》中亦有较为详细的描述，不妨直接摘录如下：

> 锡匠的手艺不算费事，所用的家什也较简单。一副锡匠担子，一头是风箱，绳系里夹着几块锡板；一头是炭炉和两块二尺见方，一面裱糊着好几层表芯纸的方砖。锡器是打出来的，不是铸出来的。人家叫锡匠来打锡器，一般都是自己备料——把几件残旧的锡器回炉重打。锡匠在人家门道里或是街边空地上，支起担子，拉动风箱，在锅里把旧锡化成锡水——锡的熔点很低，不大一会儿就化了；然后把两块方砖对合着（裱纸的一面朝里），在两砖之间压一条绳子，绳子按照要打的锡器圈成近似的形状，绳头留在砖外，把锡水沿绳口倾倒过去，两砖一压，就成了锡片；然后，用一个大剪子剪剪，焊好接口，用一个木榷在铁砧上敲敲打打，大约一两顿饭工夫就成型了。锡是软的，打锡器不像打铜器那样费劲，也不那样吵人。粗使的锡器，就这样就能交活。若是细巧的，就还要用刮刀刮一遍，用砂纸打一打，用竹节草（这种草中药店有卖的）磨得锃亮。

汪先生作为一个小说家能把锡匠工艺描述得如此清楚，实属难得。他在锡器制作即将完成时所描写到的“打磨”环节，正应证了锡匠们挂在嘴边的一句话：“三分做，七分磨。”可见打磨是何等重要。从汪先生的描述中，不难看出锡匠打造锡器时整个工艺流程：熔解、压片、裁料、焊接、造型、刮光、打磨。如果所制锡器更为精致，则还需要增加两道工序：装饰、雕刻。有时碰到一些特殊的器皿，如锡包瓷、锡包铜、锡包玻璃，等等，又得费一道手脚。

不难看出，锡匠们平时打造的物件，也正如汪先生小说所描述的，是些百姓必需品。除了汪先生在小说里已列举的，这里不妨再点出几样：汤壶，冬天取暖用的，俗称“烫婆子”；还有贮罐、烟盒、粉盒、杯盏，等等。可谓是涵盖生活的方方面面，一时还真难以说全。除了生活用品，还有一大类，汪先生在小说中提及甚少，那就是祭祀用品。不妨也列举一二：除了汪先生提及的香炉，还有烛台、冥供、花扦，等等。

这会儿，我要说的是，锡制器皿上展现出如此精细的制作工艺，无疑是在追求一种有品质的生活。

现代文明日新月异。现代人在对品质生活的向往中，“精致”成为高频词。民众心里盘算的是，怎样将自己的日子贴上“精致”标签，享受“精致生活”。地方管理者千方百计谋划的是，怎样将自己所管理的城市贴上“精致”标签，成为“精致城市”。

距我居住地不远的扬州，早几年就提出了建设“精致扬州”。当然，我所生活工作的泰州也不甘落后，提出了建设“品质泰州”。然，在江苏，恐怕哪座城市也“精致”不过苏州。苏州的“精致”早就名闻遐迩。上有天堂，下有苏杭。这话可不是随随便便说的。不过，在这方面，谁也比不上威海。习近平总书记 2018 年 6 月 12 日视察威海时，就明确提出：“威海要向精致城市方向发展。”

我发现，“精致生活”也好，“精致城市”也罢，“精致”于“细节”成为共识。正所谓，于细微之处见精神。

回到兴化的锡器制作上，当下兴化锡匠艺人中的佼佼者陈连富，在前人精细制作的基础上，追求精致。他总结出了锡器制作的八大技法：浇焊、锉刨、车圆、锤打、烧制、刀刻、组装、钻花。这些技法对于保存和传扬这一历史悠久的民间工艺，无疑具有着非常重要的意义和价值。

然而，不容否认的是，陈连富所从事的行当，正日益远离我们的视线。在《大淖记事》中极具影响力的“兴化帮”，早已风光不再。锡器，在地方百姓生活中，再也不是无所不在的主角矣。

所幸的是，锡器尚未从人们的日常生活中彻底消失。在一些有“雅兴”的文玩爱好者、收藏者那里，总有一两件锡制器皿，擦得锃亮，置于博古架上，为主人生活增添些许优雅和精致。

我想，这无疑让“陈连富们”锡炉中的炉火不致熄灭，让兴化锡器制作得以传承和弘扬。说到传承和弘扬，怎么样让原本活跃在人们生活里的锡器，走下博古架，走进人们生活中的每一天，这大概是“陈连富们”需要思考的问题。在这一点上，陈连富不妨向自己的老乡赵蓉请教。赵蓉从挑花工艺中吸收现代元素，精致着人们的生活。从她的实践中，陈连富定能得到有益的启迪。

锡器制作，是家乡兴化男性手中的绝艺。而挑花，则是家乡兴化以赵蓉为代表的女性手中的绝艺。这两者相较，一刚一柔，一阳一阴，看似有天壤之别，究其本质则完全一样：于细微之处现精彩。

挑花，是一种装饰性极强的民间刺绣工艺，为抽纱之一种，也称“挑织”“十字花绣”“十字挑花”。

挑花者，多在棉布或麻布上操作。由布面的经纬线入针，用彩线“挑”出众多小“×”字花头，密密麻麻，构成各种图案，在诸多生活用品上呈现。绣有挑花的生活用品，一下子精致了许多。使用挑花用品的普通民众，生活中有了更多美感。

挑花，在我国多地流传。因流传地区不同，亦呈现不同风貌。四川成都市郫都区、茂县的挑花，素雅古朴，图案及针法富于变化，装饰性强；湖南的挑花，色彩对比强烈，格调明快热烈，深蓝黑的底布，纹样五彩缤纷，秀丽丰满；安徽合肥、望江的挑花，多用铺花和纤花针法，严谨细致，以工整见长；陕西的挑花，自由活泼，不拘一格；北京的挑花，就地取材，以名胜古迹、古代建筑入图，自有一番庄重与大气。

作为挑花六大流派之一的兴化青布挑花，是我想详细叙述的。

先给读者诸君说一说前文已提及的赵蓉，她为兴化姑娘，兴化青布挑花传承人。闲居家中的赵蓉，将发髻梳盘于头顶，着中式花布服饰，清爽干练、安静文雅。说是闲居，赵蓉实则一刻未闲，总是在忙着一件事。她身边总少不了青布绣品，手中少不了绣针。明眼人一望便知，她在进行青布挑花作业呢。手中针线滑过，青色底布上，树木花草丛生，鸟翔枝头，虫鸣花丛，栩栩如生。

身为兴化青布挑花传承人，赵蓉当然知道自己肩负的使命和责任。当年她填写高考志愿时，没半点犹豫，选择了服装设计专业，就是梦想着有朝一日，能将传统的挑花融入现代服装设计，融入现代人的生活之中。

说起兴化青布挑花，其独特之处首先体现在底布的选择上——青布。其流传地域为苏北里下河地区，特别是兴化一带。

在兴化，懂事之后的姑娘，一定会跟着妈妈、奶奶、婶娘、大妈、姨娘、姑妈之类，学做针线活儿。这针线活儿一拿上手，就丢不开了，便一直做到自己出嫁。因而，姑娘在娘家做的最后一件针线活儿，多半是自己的嫁衣。

在这众多的针线活儿当中，青布挑花便是其中重要的技艺之一。一个姑娘家如果不会青布挑花，与旁人比起来自然就逊人一筹。嫁到婆家去，在婆婆面前也就似有欠缺，头不能抬得那么高。

赵蓉的一手绝艺，源自外婆的传授和自己的潜心摸索。她的设计，在女性手提包、挎包上有所呈现，让传统技艺焕发出时尚之光，为众多职场女性所喜爱。据说，赵蓉的挑花用品，在电影界、戏剧界拥有大量粉丝。这也让青布挑花为更多人所熟悉。

不妨听一听赵蓉关于兴化青布挑花的介绍——

青布挑花从技法上讲，它不同于一般的刺绣。一般而言，刺绣注重的是“绣”，而青布挑花注重的是“挑”。待字闺中的姑娘，多半在自家织造的藏青土布上，依照代代相传的花纹纹样进行挑花作业。其针法为“十字交叉”法。其中针脚为“×”字形的，称为“十字绣”；针脚为“一”字形的，则为“平线绣”。

青布挑花在“挑”法上，有单面挑和双面挑两种。不言而喻，单面挑较之双面挑，针法要简单许多。双面挑，则是用特殊针法，挑出正反两面都一样的图案，似与苏州双面绣有异曲同工之妙。

青布挑花，包括团花、边花、角花、填心花等，其图案有近40种之多。这些图案被巧妙地挑绣在各种物件上，大至被面、门帘、窗帘等，小至香袋、袜带、方巾、围裙等女性用品，都可见其踪迹。当然，这样一种独特的挑花技艺，并不局限于女性用品，男性的褡裢、腰带、烟袋等物件，同样可以绣上精美的图案。这当中，年轻姑娘最喜欢绣的，则是给自己意中人的定情信物。哪怕是一方手帕，也要绣上个并蒂莲，以表心迹。

在图案选择上，就曾有人建议赵蓉胆子再大一点儿，抛弃传统图案，选用现代流行图案。对此，赵蓉态度鲜明：“图案不能改！它们是一代一代挑花人智慧的结晶，没有书面记载，只能手手相传。这一改，传统的根就断了，宝贝就没啦！”

“看到老虎肚子里的小老虎了吗？”赵蓉随手拿起一件挑花作品，进一步解释道，“这就是传统的魅力！”的确，将小老虎绣在老虎腹中，虎妈妈的形象生动逼真，直接明了。因腹中的小老虎，让整个挑花作品“活”了。

青布挑花所用的布多为自家织造的，俗称“家机布”。被染花的家机布又叫“大布”。这种布被染成青色做底，挑花的人，靠手中的一根针、一根线，在“大布”上交替挑绣，绣出各种各样的图案。

挑花所用的针，和通常的绣花针并无二致。然，它却有个富有诗意的名字：“雪花针”。赵蓉说，她曾听外婆讲过“雪花针”的传说。

相传在兴化林湖影山头附近，住着一位老婆婆。老婆婆真的很老很老了，不仅头发全白，就连眉毛也白得十分彻底，无一杂色。她孤身一人，过着日出而作，日落而息的日子。每日里，捡柴、栽种、捻麻、绣花，从早到晚就这么忙碌着。老婆婆日子过得十分节俭，时常接济别人，在四乡八邻有了乐善好施的好名声。

有一年冬天的一个清晨，天下着鹅毛大雪，老婆婆刚端上饭碗准备吃饭，就来了个姑娘，冻得浑身瑟瑟发抖，眼巴巴地望着老婆婆的饭碗。老婆婆连忙将饭碗递给了姑娘。

姑娘走后，老婆婆门上又来了两个乞丐，吃了老婆婆的中饭和晚饭。这样一来，老婆婆一整天都没吃东西。晚上，饿着肚皮，坐在窗前绣花。

突然，一阵眩晕，老婆婆栽倒在地，手中的绣花针断了。这时，一阵雪风将八个相貌异常之人吹到老婆婆门前。门外风大雪大，老婆婆挣扎着起身，将他们让进屋子。

“老人家，我们几天都没吃东西了，你行行好，给我们一点吃的吧！”八人当中的唯一女子开口央求老婆婆。老婆婆抬头一看，那不就是早晨见到的姑娘吗？再细看其他人，其中有两个是登过门的乞丐。老婆婆心想：你们三个不是已经在我这里吃了早饭、中饭和晚饭吗？这让我自己一整天都没吃上饭，怎么现在却又说几天没吃东西呢？

心地善良的老婆婆，心里虽这样想，嘴里却应着：“有！有！”于是，老婆婆将与自己相伴的报时公鸡杀了。

吃饱肚子的他们，想报答老婆婆。老婆婆这才举起断了的绣针，唱道：“不要金，不要银，只求给根绣花针。”

他们当中的大胡子黑脸汉开口应承道：“这个容易。”但见他在门口捡了根柴棍，在手中搓了几搓，柴棍瞬间细成发丝，随后放在油灯上烧红，抛向天空。飞舞的雪花，落在烧红的针杆上，发出“嗤嗤”的声响。一股蓝烟飘散，一根银光闪闪的小绣花针，掉落在大胡子黑脸汉手中。他说：“老人家，这根针你可要好好保管，传之后世。”

大胡子黑脸汉话音刚落，八人忽然没了踪影。老婆婆捏着雪花针，向天空连连作揖，叩谢仙人恩赐。“雪花针”也由此流传下来。

正是有了“雪花针”，挑花的艺人才能巧妙地将白线穿梭于由“大布”的经线和纬线交叉的网格之中，从而塑造出鲜明的立体感。挑花时，行针的长短、用线的松紧，均须一致。挑绣至繁密之处，讲究的是针针相套，不露底色。而简省处，则可能仅有一朵小花，几根线条，亦需要用针到位，线条流畅，绝不能拖泥带水。这些要点，赵蓉早就烂熟于心矣。外婆不仅给她讲了“雪花针”的传说，更传授给她“雪花针”之技法。

由于一代又一代挑花艺人的不懈追求，兴化青布挑花在构图造型上，从日常生活中提炼并概括出元素，经过大胆取舍后再进行夸张性处理，同时在主体图案两旁配以陪衬彩饰。这些彩饰，多用红、黄、绿、蓝、青、紫、橙七色丝线挑绣而成，从而使整件绣品简练传神，意韵生动，色彩丰富而饱满。既有青铜饰纹的高古，又有秦砖汉瓦的粗犷；既有宋瓷的典雅，又有剪纸的简洁；既有苏绣的细腻，又有织锦的华美。

兴化青布挑花，是赵蓉们凭借一双慧眼与一双巧手，共同创造出来的智慧结晶。藏青的布与绵白的线，在“大布”上交织出的图案，是如此质朴素雅，是如此多姿多彩，散发着浓郁的地域风情和民间气息。

这一起源于唐宋、成熟于明清的特殊民间技艺，由于有了“赵蓉们”的发扬光大，一直在精致着我们的生活，于细微之处呈现出更多的精彩。

赵蓉在 2011 年成为市级青布挑花技艺传承人后，就已经开始带徒授业，她的弟子中还有了留学生。

我们完全有理由对“赵蓉们”寄予更多期待。

生死之间的生命装点

获得奥斯卡金像奖最佳外语片奖的日本电影《入殓师》，让“临终关怀”再度成为人们关注的话题。无独有偶，我的友人，小说家王树兴，于2014年出版了国内首部描写殡葬工生活的长篇小说《咏而归》，被誉为“中国版的《入殓师》”。

实在说来，国人对一个“死”字，向来讳莫如深。与之相反，对于“生”，尤其是“新生”，向来欢欣鼓舞。有论者认为，生与死是一个大话题。这是我们每个人都无法逃脱之命运。

对于一个家庭而言，添丁进口，举家欢庆，乃人之常情。特别是多年求子不得的父辈，祈盼子嗣绵延、香火兴旺的祖辈、曾祖辈，面对一个鲜活小生命的降临，能不欢欣鼓舞、眉开眼笑吗？

在我工作和生活的泰州地区，早先给予新生儿的礼遇是多重的。在我的记忆里，那时民众中重男轻女现象较为普遍。以至于那些头顶上留着小辫子的小男孩，被人称呼时，都有诸如“小八子”“小九子”之类的昵称；而在他们降生之前，家里的姐姐们多半被命名为“盼弟”“招弟”“来弟”之类的名字。读者诸君还不要不信，汪曾祺先生的代表作《大淖记事》中，就有个年青的兴化锡匠，名叫“十一子”。诸位不要以为，汪先生写的是小说，是虚构的。汪先生自己就曾说过，他写家乡高邮的作品，绝大部分都是有生活原型的。

说了这么多，是想告诉读者诸君，那时候给男宝宝和女宝宝的新生礼遇差别还是比较大的。我是家中唯一的男孩，小时候就有银项圈、银锁和银镯子。银锁是带银索子的那种，银镯子又分银手镯和银脚镯。我的银脚镯戴的时间最长，直到在学校被同学讥讽，让我丢了大丑，才回家愤而将银脚镯撬断，结束了戴银脚镯的历史。

上面所述三种银器件，我的三个妹妹，只能拥有一件，那就是手镯。这是我家的情形。更富裕的人家，银会变成金，即使不是全部都是金，也会有几件纯金的，譬如金耳环之类。如若家中条件不是太好，银会变成铜，铜项圈、铜锁、铜镯子。家中男宝宝佩戴起来，黄灿灿的，也是蛮好看的。

在给新生儿的礼遇中，有一样物件，不分男宝宝和女宝宝，只要是新生儿都有。这便是我今天要给读者诸君介绍的：虎头鞋。

提及虎头鞋，据说和观世音菩萨、红孩儿，以及一户李姓人家有关。在江苏中部地区的乡村一直流传着一则美丽的传说。

在很久很久以前，有一户姓李的人家，丈夫名叫李虎，是个年轻力壮的庄稼汉。李虎与妻子很是恩爱，先后生了一儿一女，令人伤心的是，未满周岁，就都夭折了。这让李虎这对年轻夫妻伤心不已。好在老天爷眷顾，有一年李虎的妻子又生下一个白白胖胖的大小子，这让夫妻二人喜出望外，对这个儿子十分宝贝。真的有如人们常说的，捧在手里怕摔了，含在嘴里怕化了。正当夫妻俩高高兴兴，准备为儿子筹办满月酒的当口，大胖小子得了锁口疮。这可是一种十分凶险、毒性巨大的毒疮。

李虎夫妇怎么也不能接受，他们已经夭折了一双儿女，难道眼前的儿子也难逃厄运吗？快满月了，竟然得了锁口疮，凶多吉少。这该如何是好呢？夫妻二人抱着襁褓中的婴儿，四处奔走，求医问药。然而，面对此病，绝大多数医者均无计可施。这让李虎夫妇心急如焚。李虎的妻子更是伤心，整日以泪洗面。李虎的妻子心意已定，如若儿子再夭折，自己也不想活了。

就在两口子一筹莫展之际，一个大雨滂沱的雨天，一个老奶奶搀着一个孩童，踉踉跄跄地出现在李虎家门口。心地善良的李虎夫妇，看在眼里，心想这世上凄苦之人，也不只是我们夫妻，眼前的这对祖孙，不也十分凄凉吗？当下便将祖孙二人请进屋内，拿出干布让老奶奶和小孩子擦干身上的雨水。李虎夫妇这才从老奶奶口中得知，老奶奶的儿子和媳妇不在了，只留下她和小孙子相依为命，以乞讨为生。这大雨滂沱的，一天都还没有吃东西呢。

人常说同病相怜，老奶奶祖孙与自己家一样悲惨的命运，赢得了李虎两口子的同情，他们为老奶奶祖孙二人端上了热饭热汤。老奶奶边吃边谢，连连说："好人啊，好人！"继而老奶奶询问家里还有什么人，这一问，惹得李虎妻子一把鼻涕一把眼泪，为病中尚未满月的儿子伤心起来。

老奶奶听罢，从随身包裹里拿出个小瓶子，从中倒出一粒药丸，言道："救你小儿性命去吧！"

李虎夫妇如获至宝，赶紧将药丸给儿子服下。一会儿工夫，原本已奄奄一息的小儿，竟然睁开眼来，"哇哇"大哭起来。李虎夫妇一看，自己的儿子得救了，连忙回堂屋来谢老奶奶救子之恩。

此时，堂屋里已空无一人。只见饭桌上留下一双金光闪闪的虎头鞋。一个声音从天空中传来——

宝宝系母心头肉，

玉瓶仙丹解胎毒。
虎头鞋子赤脚穿，
狼虫魍魉不敢簇。

夫妻二人循声望去，但见观世音菩萨和红孩儿驾着一朵祥云，飘然而去。李虎夫妇感激得连连跪拜。

此虽为传说，但还是有丝丝迹象可资稽考。那就是，现在寺庙中观世音菩萨跟前的红孩儿，总是赤着一双脚。据说，他原先的那双虎头鞋，留给了李虎家儿子。至此，虎头鞋就有了避邪免灾保平安的神奇功效，为刚出生不久的婴儿穿虎头鞋的习俗渐渐在民间流传开来。

然而，传说毕竟只是传说。提及虎头鞋的制作，则不得不提到其四代传人，以及 120 多年的历史。

虎头鞋制作的第一代传人叫章氏，清光绪初年生于一个徽商之家。章氏自幼聪慧好学，读诗书，学女红，尤其喜欢刺绣。嫁入叶府时，据说曾专门为她设了一间绣房。这也为她日后刺绣制作虎头鞋技艺日益精湛奠定了基础。年过九旬的章氏，耳不聋，眼不花，她制作的虎头鞋成了当地人眼中的祥瑞之物。

虎头鞋制作的第二代传人，为章氏之女叶月英，安徽歙县人，出生于清光绪二十五年（1899 年）。叶月英在跟随母亲章氏学习刺绣的同时，还跟当地的名艺人学习绘画、剪纸等民间技艺。喜欢钻研的叶月英，很快就将绘画、剪纸以及京剧脸谱艺术融进虎头鞋制作当中。她制作的虎头鞋，民间特色更为浓郁。

吴和生，虎头鞋制作的第三代传人。13 岁跟随母亲叶月英学习制作虎头鞋，17 岁嫁到泰州口岸镇，同时也把祖传的虎头鞋制作技艺带到了口岸。至此，口岸虎头鞋这一特殊的民间产品便诞生了。

让“口岸虎头鞋”进一步发扬光大、声名远扬者，为虎头鞋制作的第四代传人——邓小华。1958 年出生于高港口岸镇的邓小华，从小就跟着母亲吴和生学习虎头鞋制作技艺，与母亲有所不同的是，邓小华紧跟时代步伐，将虎头鞋的鞋帮和拷边由手工改为缝纫机加工，工效大幅提高。在图案设计方面，邓小华融入了徽派剪纸与扬州剪纸艺术，增加了泰州地区百姓喜闻乐见的吉祥纹案，如“喜鹊登梅”“荷花莲藕”“麒麟送子”等。她在虎头鞋制作过程中，非常讲究针数，几乎无一例外地都取“吉数”，寓意“双喜”“五福”“四四如意”“六六大顺”之类，富有地方特色。如今，邓小华已经把虎头鞋由单一制作，创新成为系列产品。从鞋面色彩上，形成了“头双蓝”“二双红”“三双紫”三色系，迎合了姑姑送三双不同颜色虎头鞋，保佑侄儿平安富贵的民间习俗。

虎头鞋制作，经过四代传人的探索，制作工序已较为成熟。选料工序有四道：选面料、选丝线、选兔毛、选饰物。这里值得注意的是，面料一定要选杭州或苏州产的织锦缎料。丝线也要选苏杭地区正宗蚕丝线。两者均不得选用人造化纤之物。

首先进行前九道工序：下料、粘面、缝接、绲边、描样、绣虎头、绣鞋帮、绲口、镶毛。紧接着，继续后五道工序：绣底、上底、制尾、订须、捏耳。这里值得交代的是，上底时，鞋底和鞋帮用针要细，不能露针线，亦不能露针眼；制尾时，用黄色面布裹兔毛，兔毛露出约两厘米；订须时，一般在虎口两边各订 6 根“虎须”，寓意“六六大顺”。而有的制作更为讲究，会在虎口两侧各订上 25 根“虎须”，这样一双鞋合计便是 100 根，寓意“长命百岁”。

时至今日，小孩子“三朝”“满月”“过周”等重要时间节点上，亲友们都会为小宝宝送来一双双象征祈福纳吉的虎头鞋。毫无疑问，这虎头鞋，成了一个人生命最初时的装点。

众所周知，“生”之终点，必然是“死”。人的一生，总是要面对死亡。鲁迅先生曾举过一个极端的例子。说是“一家人家生了一个男孩，合家高兴透顶了。满月的时候，抱出来给客人看”，于是客人的反应来了——

一个说：“这孩子将来要发财的。”说“发财”者，“得到一番感谢”。

一个说：“这孩子将来要做官的。”说“做官”者，“收回几句恭维”。

一个说：“这孩子将来是要死的。”说“要死”者，“得到一顿大家合力的痛打”。

由此可见，人们对接受“真相”，并不是那么容易。这样一来，便会滋生出许多烦恼。譬如，贪、嗔、痴；再譬如，生、老、病、死。还有人们常说的，“怨憎会”“爱别离”“求不得”，诸如此类，不一而足。

其实，我们应好好想一想，在生命结束的时候，上面所说的“三毒”也好，“八苦”也罢，还有那么“重要”吗？当生命走至终点，意味着一切归“零”：只落得“赤条条，来去无牵挂”，还尘世一个“白茫茫大地真干净”。岂不善哉！

这里头，值得探究的是，我们对死去的人持什么样的态度？我的友人、小说家王树兴为了获得真切的认知和感受，他在一段时间与殡仪馆员工同吃同住，与那些逝者有了零距离接触。因此，《入殓师》也好，《咏而归》也罢，它们都从另一角度告诉我们：死亡在所难免，逝者值得敬重。我们应当珍惜每一天，用温情去善待身边爱我们的人。因为谁也不知道，死亡和明天，哪一个会先行来临。

在我的家乡，对死者的敬重，也有一整套规范“流程”。在此，我只说一项颇为古老的民间工艺：纸扎。

纸扎，产生于汉代。在民间，纸扎有多种不同的称谓，如扎作、扎纸、扎纸库、扎罩子、彩糊等，通常用于祭祀先人，悼念逝者。

既然称之为纸扎，那么其主体材料自然应该是纸，包括各种规格、质地和颜色的纸。除此之外，还会用到芦苇、竹子、麻绳等材料作为辅助。

专门从事纸扎者，被称为“扎彩匠”。扎彩匠从事纸扎行当经营的场所，也有其专有名称，称为“纸扎铺”“纸马铺”“纸马香铺”，通常是在这固定的名称前加上经营者的姓氏，就是完整的铺名了。譬如，在泰州海陵一带，只要提到“孙氏纸扎”，大部分人都知道，其知名度、美誉度都很高。在东乡塘湾绰河，人们只要看到“孙记纸扎铺”，就会知道，这间铺子是孙氏家族所开。

扎彩匠一般扎五类纸扎品：一是人像，包括各类神像。通常为童男童女、戏曲人物，还有就是各种类型的侍者。二是房屋建筑，分为3、5、7、9等不同间数，其扎制的规格也不一样。普通民居式样，为3厢式、5厢式，加上“灵房”“门楼”即可。如若是分前后进，则以7厢式、9厢式居多，另外还要配有“灵房”“门楼”“牌坊”之类，其格局和气派则大不同矣。三是各种牲畜，犬、马、牛、羊最为常见，讲究的则要在房屋的特殊位置加上瑞兽，如宅院大门口摆上一对石狮子，客厅神案上方置绕云祥龙，寓所床第前置腾飞凤凰，凡此等等，为整个建筑群落增添祥瑞之气。四是各类被褥、衣物，包括适用于不同季节的棉被、夹袄、单衣，以及上装和下装，以满足逝者的不同需求。五是各种器皿、电器等，如盘子、碟子、杯盏等日常用具，铜炉、风扇等季节性用具，电视、冰箱、洗衣机、汽车等现代用具，可以说应有尽有。只要主家提出来，扎彩匠都会满足主家所提要求。

明清时期至民国，泰州城乡一直存在着十多家纸扎铺子，分布在南门高桥、北门杨桥、城中升仙桥、西门招贤桥等地方。这当中，要数前文已经提及的东乡塘湾绰河的孙氏纸扎尤其出众，坊间一直流传着“化库好纸扎，绰河孙家扎”的说法。孙记纸扎铺从清道光年间开设传承至今，已经有六代之多。孙氏纸扎传人孙素林，从小就受到祖辈纸扎技艺的熏陶，10岁时开始随其父学习纸扎制作，经过多年的实践，提炼出了一套较为完整的工艺规范。具体包含五大工序：

第一，选材。主材为纸，多以绵纸、宣纸、毛边纸、草纸为主，色纸则是根据纸扎需要，选择相应的彩色染制。此外，还有扎骨架需要用的芦苇、麻绳、竹子等，这里头所用“芦苇”，一般为本地产的钢芦苇，材质硬挺，弹性好，易焚烧。

第二，扎骨架。根据纸扎所需的人物、建筑、牲畜、用具等形象，以及体现时代特征的大件物品的基本框架，来绑制纸扎的骨架。在绑扎过程中，讲究结构合理、比例得当、形象逼真、立轴稳定、方便搬运、易于焚烧。

第三，裱糊。依据纸扎的总体构想，将事先剪好的各种纸品，于骨架上逐一糊贴，使之成为一件成品。这里要注意的是，剪裁彩纸时，要运用雕镂拼贴工艺，制作出生动形象的图案、图形，先满糊素纸，然后贴糊装裱，再贴图案、图像。

第四，彩绘。实际操作过程中，分为糊前绘和糊后绘两种。糊前绘，就是在整个骨架糊裱前，将所需图像、图案事先画好了，只等素糊结束后，再贴彩绘好的彩纸；糊后绘，顾名思义，就是在所有糊裱完成后，依据纸扎图案的要求，直接在骨架上进行彩绘。

第五，组装。一件完整的纸扎作品由多个大型扎件和众多小型扎件共同构成。当所有的糊裱和彩绘工作都完成后，便可以将每一个扎件按照要求进行组合安装。因是纸质品，组合时一定要注意不能破坏任何一个扎件，否则扎出来的作品满布洞眼，呈现出来的整体效果便差矣。

孙氏纸扎熔剪纸、绘画、书法、雕镂、扎制等多种技巧于一炉，形成了独特的审美取向和文化内涵。虽然在“文革”时期，纸扎被作为“四旧”而取缔，但随着对各种民间传统习俗的保护，纸扎又重新走进了普通百姓的生活。

依我个人的看法，纸扎之所以被众多民众用来做逝去亲人生命最后的装点，与亲人在世的生活贫瘠不无关系。纸扎，寄托着活着的人们对死去亲人天国美好生活的一份祈祷。

孔子有云："未知生，焉知死？"电影《入殓师》的结尾处，主人公小林大悟在为多年未见面的父亲入殓时，同时又迎来了妻子的怀孕。这是一个颇具意味的情节设置。一个生命逝去，另一个生命在孕育。这是一种承接，也是一种轮回。有生就有死，死亡的存在提醒我们好好珍惜当下的"生"。

在大地上绽放

我们从不吝啬对大地的赞美。在我们有限的认知里，大地孕育着生命，大地给予我们色彩斑斓的世界。我们每个人，都离不开脚下的土地。因此，每个人的生命形态，与脚下的土地都有着不可割舍的联系。

无论是黑土地、黄土地，还是红土地，每一块土地，都会给我们的生命以滋养，让我们的生命之花得以绽放。

曾几何时，我们不再满足于祖祖辈辈“面朝黄土背朝天”的生存境遇，不再满足于“日出而作，日落而息”的生命形态。于是乎，大吼着“我的故乡并不美”，纷纷逃离故土，千方百计来到城市，给自己一个四不像的称谓——农民工。

诚然，每一个个体都有追求自己梦想的权利，每一个个体都有选择自身生命形态的自由。但是，当我们都远离土地，把自己装进“空中楼阁”之后，“地气”还在吗？与此同时，我们的乡村因大批年轻生人的离开，而变得生机活力锐减，走向凋敝与衰落。这应该不是个别现象。所幸的是，“乡村振兴”已经从国家层面提出，未来可期。

让我心生崇敬的，是从家乡湖南离开，在海南生活多年之后的著名作家韩少功，他选择了与大多数人完全反向的行动轨迹。他卸任海南省作协主席一职后，返回湖南老家八溪峒，购地建房、种菜养鸡、栽树修路，在山清水秀的风景里，过起了“采菊东篱下”的生活。七年后，韩少功先生向我们呈现了一部明清笔记体的散文长卷——《山南水北》。

在这部获得“鲁迅文学奖”的作品中，有对山野自然和民间底层的深入体察，有对身边邻人及其神奇亲历的真实记录，有对历史真相的深刻揭示以及对心灵的直击追问。不可否认，时隔数十年后，重新回到孕育自己生命的衣胞之地，韩少功再度绚丽绽放。

其实，我们每一个人都能够在孕育自己生命的土地上绽放。你看那些饱含泥土芳香的民间舞蹈，不就是普通民众一次次绚烂绽放的精彩呈现吗？

2021 年 7 月，应海南省文学院之邀，让我有了了解海南民俗风情、民间舞蹈之机会。

起源于元末明初的文昌“盅盘舞”，舞者所用的，是我们再熟悉不过的瓷盅、瓷盘，乃生活用具。三人组成一个小组，分别扮演生、旦、丑三个角色，彩妆上场后，就显得颇有意思了。实际上，敲打彩盘，在民间表演中并不鲜见。一曲《手拿碟儿敲起来》，因电影《洪湖赤卫队》而唱响大江南北，那如泣如诉的歌声，连同那敲碟的表演，在我们这代人心底留下了深深的印记。说起来，我还曾以《洪湖赤卫队》中韩英原型钱瑛的丈夫谭寿林为主人公，创作过一部长篇纪实文学作品《丹心如虹》。

扯得有点远了，赶紧回到盅盘舞上来。表演者中的生角和旦角，打扮成新郎、新娘的模样，无疑为表演增添了喜庆之氛围。那丑角，自不必说，怎么搞笑怎么来，不让观者笑得前仰后合，甚至满地打滚儿，定不会善罢甘休。这样的表演，春节期间走村串户，给乡邻们送上“恭喜发财”之类的祝福，再合适不过。

读者诸君可别小看了这“盅盘相击”的民间舞蹈。1953年，盅盘舞曾代表广东民族舞蹈走进中南海，为党和国家领导人表演。这是何等的荣耀！

在我的印象里，家乡的民间小调——茅山号子，与盅盘舞在同一时期，也曾被唱进了中南海，为党和国家领导人所聆听。这足以说明，散落在民间的艺术瑰宝，是值得重视的，继承和发扬是十分有意义的。

此处，不得不提一个人：林尤勤。

在林尤勤的少年时代，盅盘舞在海南文昌地区影响极为广泛。对舞蹈爱好强烈的林尤勤，曾拜师民间艺人王茀澜门下，开始学习盅盘舞。青年时代，怀揣舞蹈梦想的林尤勤，考入了省立文昌师范学校，专修音乐舞蹈。正是他，结合文昌当地乡土人文，将盅盘舞提升成为独具地域特色的舞台表演艺术，在盅盘舞的传承保护与发扬光大方面做出了杰出贡献。这里有个小插曲：

当年，作为6名赴京表演者之一的谢丽英，即是林尤勤亲自选定。当时还是小学生的谢丽英，在表演时虽然明知毛主席在台下观看，却没敢往台下看一眼，心中的那份后悔，真是难以言表！幸运的是，时隔5年，她再一次赴京表演盅盘舞《闹新娘》，受到了毛主席的亲切接见。几十年过去，当年的小姑娘，如今已年逾古稀。她老人家回忆起当年的情景，仍是激动不已。

我欣喜地发现，盅盘舞这一古老的民间舞蹈，在文昌已经为一群天真烂漫的孩子所接受。试想，当一张张天真稚气的笑脸出现在乡邻家门前时，那该是怎样的喜庆哟！不止于此，我还欣喜地发现，盅盘舞被有心人进一步大众化，演变成了一种动作优美流畅的广场舞。真是善莫大焉！与许多非遗项目普遍存在的传承困境相比，盅盘舞的传承状况值得点赞。

与盅盘舞中“新娘”“新郎”角色十分明确的情形不同，咚铃伽舞则是由年轻女子为了比武选亲而举行的。

据传，古时候，有个黎族姑娘同时喜欢上了两个小伙子。在她眼里，两个小伙子都是一样的英俊、一样的威猛，舍弃谁都好像剜她的心头肉。她真恨不能将自己一分两半，让两个意中人娶回家。可这只能是她的痴心罢了。姑娘实在是左右为难。

与其让自己为难，不如将主动权交给他俩！聪明的姑娘在不忍割舍的情况下，选择了一种独特的方式——在簸箕上用钱铃和尖刀进行比武选亲！赢者，将成为她的意中人。

咚铃伽为黎语译音，指簸箕、钱铃和尖刀三种生活用具。在一只簸箕内，表演者一人手舞钱铃棍，一人手挥双刀，推挡击打，翻跃跳转，各展绝技。目的只有一个：将对方逼出簸箕之外。唯有如此，方能抱得美人归。这样的舞蹈，用我们家乡人的话说就是：螺蛳壳里做道场，撒不开手脚。显然，站进簸箕内比武的，若自身没有过硬功夫，只能被对方逼出簸箕之外而落败，看着人家抱着心爱之人归去而黯然神伤。

细究起来，这舞蹈中洋溢着一股气：英雄之气！这，无疑是在讴歌英雄。这样的情怀，是渗透进黎族人民血脉之中的。不也正是我们当下所提倡的吗？！

黎族人长期居住在深山老林之中，自然灾害频发，时刻处于猛兽攻击危险境地。黎族人需要勇气来战胜各种自然灾害，战胜各种猛兽的攻击。因而，英雄成了人们推崇的偶像。咚铃伽舞，则很好地张扬了黎族青年剽悍、勇敢、执着的武士精神。比武选亲，只是站在了一个姑娘的视角。

在黎族，还有一种以日常生活用具为道具的舞蹈：舂米舞。

舂米，对于我这样的农家孩子而言，并不陌生。尤其是每年春节前，在我们那里，几乎家家户户都要舂米粉。有了米粉，烀团蒸糕才有原料。

当然，这米粉，有糯米粉与大米粉之分。团和糕，在制作过程中，糯米粉与大米粉之配比，也是大有讲究的。

其时，机器“轰”粉极少见。即便是有了机器之后，人们发现，机器“轰”出的粉，不及碓臼舂出来的米粉细腻。用机器“轰”出来的米粉，无论是烀出来的团，还是蒸出来的糕，较之碓臼舂出来的米粉做成的团和糕，口感要差好多。

即便我对舂米这项劳作非常熟悉，我也得承认，黎族同胞能将这样的劳作，演变成为一种颇具地域特色的舞蹈，实在令人不得不佩服他们的智慧。实际上，这也体现了他们在繁重的体力劳作中善于做出调整和调节的聪明之处。

但见，劳作中的妇女手持木杵，有节奏地敲击臼的底部和四周，声音时而雄浑，时而清脆。在此过程中，妇女们不仅身心愉悦，劳作的步调也变得协调顺畅，不知不觉中，劳作的效率也提高了许多。

如果说舂米舞，舞者手中离不了木杵，做的是木杵的文章，那么打柴舞，舞者手中离不了竹竿，做的则是竹竿的文章。打柴舞，也叫竹竿舞，其起源可以追溯到人们对打柴动作的模仿。

与上述盅盘舞、咚铃伽舞和舂米舞有所不同，竹竿舞不再局限于某一个少数民族，而是在京、瑶、壮、佤、苗、黎、畲等众多少数民族中间流行，成了少数民族“三月三”节庆活动中的重头戏。

“竹竿舞”这一民间舞蹈于 2006 年 5 月被国务院列入第一批国家级非物质文化遗产保护名录。完成这项申报的，正是海南省三亚市。在这一民间舞蹈的传承保护上，三亚市走在了其他地区的前面。

别看表演时，只需两根三米五左右的大长竹竿垫底，在一两米空间范围内搁置 8 根小竹竿，即可进行竹竿舞的表演，看似十分简单。其实不然。这 8 根小竹竿，两两相对，上下、左右、分合、交叉拍击，发出强烈的声响，形成有力的节奏。舞者跳入竹竿中，来往跳跃、蹲伏，不时模仿人们劳作时的各种姿态，以及各种动物出没时的动作和声音，很是喜庆热闹。我有过一次被导游拽进舞池的经历，并不是舞盲的我，在竹竿的噼啪声中，立马将自己变成了一只木鸡，逃离是最好的选择。

就舞步而言，竹竿舞有磨刀步、平步、小青蛙步、搓绳小步、大青蛙步、狗追鹿步、筛米步、猴子偷谷步、乌鸦步等九组相对独立的招式。足见海南在民间舞蹈挖掘方面，下的功夫之深。不妨细述如下：

磨刀步：击竿者将小竹竿放在大竹竿上分合磨击，发出磨刀一般的声响。

平步：击竿者将小竹竿间隔错落地分合、拍击于大竹竿之上，击出参差的节奏声。舞者列队在其上踩踏，先以一脚在张开的小竹竿中跳两下，再轮换一脚跳两下，来回换步。

小青蛙步：击竿者将小竹竿交错击于大竹竿之上，闻者似听得蛙鼓阵阵，好不有趣哉。

搓绳小步：击竿者将小竹竿相交错拍击于空中，之后再下击于大竹竿之上，好似人们搓麻绳一般。

大青蛙步：击法、跳法与参差步同。

狗追鹿步：击竿者将手中一根小竹竿举过头顶，来回往下敲击另一根小竹竿。舞者则两两相逐而跳，模仿围猎情境，前鹿后犬。表演者皆四肢着地向前蹲伏、窜跳而去。

筛米步：将两对小竹竿呈“井”字架于大竹竿之上，由 4 人执竿相对击拍。舞者列队，以逆时针方向，在“井”上踩踏，呈妇女筛米状。

猴子偷谷步：击竿者先由 4 人将两根小竹竿扛于肩上，相对而立。再在其上方架两对小竹竿，呈“井”字。然后，由 4 人执其端，有节奏地分合击拍。再由一人手执谷穗之类在“井”口上方“引诱”。舞者则化身成猴，去偷食。在一张一合的惊险击拍中，那“猴”则需快速窜逃于“井”口上下，躲过夹击方才为妙。

乌鸦步：将一木臼置于舞池中央，两对小竹竿呈“井”字摆放于臼口，数人坐于小竹竿上以牢其臼。“井”口上方再竖一根小竹竿，在小竹竿四侧再斜插 4 根小竹竿，由 4 人紧握直立之竿并做逆时针方向运转。此时，由一舞者以腹部顶竿，张开四肢，仿乌鸦鸣叫着展翅。推竿者，则和声而转之。

人们常说，高手在民间。将一种民间舞蹈，能够作此番总结提炼，定然高手是也。朱庆元、黄家近二位，则是他们当中的典型代表。

在我的家乡，也有一位喜爱在一根竹竿上做文章的舞者——李道功。他研究推广的当然不是竹竿舞，而是滚莲湘。

滚莲湘，为我们泰州所辖姜堰地区特定的说法，通行的说法叫打莲湘。莲湘用一米长的细竹筒做成，粗比拇指，两端镂成三个圆孔，每一孔中各串数枚铜钱，涂以彩漆，两端饰花穗彩绸，亦称“竹扦”“花棍”。打莲湘可由一人手拍竹竿吟唱，三四人手摇莲湘和之。其特点是灵活多变。三五个人可打，数十人乃至上百人亦可打，多为民众闲暇时的自娱自乐。现在，也不尽然，说是社区、街道等组织重视，各种广场舞、打莲湘比赛，多得很。我就知道，我们当地一支农民广场舞团队，还到美国拿了一个国际奖项回来，也算是走向世界矣！

即便是自娱自乐，那三五同舞的女伴，也是要精心打扮一番，方肯在广场或游园露面的。顺便说一句，打莲湘表演者多为中老年女性，年轻女子也有，但少，几乎没有男性。在这一点上，姜堰的滚莲湘，就显得别具一格了，容稍后再述。

且看打莲湘的女性，上场前脱去外装，瞬间把自己变成了一只花蝴蝶，飘逸的裙摆，荷叶边的衣袖，无不给人以灵动之感。此时，手中的莲湘舞动起来，舞、打、跳、跃，尽情展现。但见那杆莲湘敲击着自己的肩、背、脚、头、臂、腰、腿，从头打到脚，从前打到后，节奏由慢变快，莲湘发出的响声越发清脆，舞者的姿态越发轻盈。美哉，妙哉！

此刻，无论是生活中的闹心事，还是工作上的烦心事，皆抛到九霄云外去也。

这莲湘，不仅仅只是“打”，讲究的是边打边唱。不妨摘录一段：

金风送喜来，
紫荆花已开，
二月大地春雷锣鼓敲起来。
百年梦已圆，
千年手相牵，
中国走进新时代。
恭喜恭喜中国年，
五谷丰登笑开颜。
恭喜恭喜中国年，
歌声万里连成片。
欢乐欢乐中国年，
欢歌笑声连成片。
欢乐欢乐中国年，
红红火火到永远。

稍有音乐常识的都知道，这是直接用了《欢乐中国年》的歌曲。而民间打莲湘，其唱词多半根据民间唱本演唱，也可现场编唱。用现成的时代新歌，亦算是与时俱进矣。

前面我说，打莲湘的表演者，几乎没有男性，那是指在跳广场舞的情境下。在舞台表演中，有一种男女双人对打的表演形式，那就非要有男表演者不可。两人在行进过程中，可打出前进、停留、蹲下等多种步法。随着男女表演者交错对击，一起一落，舞台上的气氛亦变得越发活跃起来。此时，再来个男女对唱，那将会把现场气氛推向高潮。请听——

女：正月里来是新春，
男：赶上了猪羊出呀了门。
女：猪哇羊呀送到哪里去？
男：送给那英勇的八呀路军。
合：嗨来梅翠花，海呀海棠花，
送给那英勇的八呀路军。

男：八路军来是自家人，
女：他和咱们是一呀条心。
男：坚持了抗战有功劳，
女：赫赫大名天呀下闻。
合：嗨来梅翠花，海呀海棠花，
赫赫大名天呀下闻。

女：天下闻名的朱总司令，
男：一心爱咱们老呀百姓。
女：为咱们日子过得美，
男：发动了生产大呀运动。
合：嗨呀梅翠花，海呀海棠花，
发动了生产大呀运动。

男：八路军弟兄们个个能，
女：保卫咱边区陕呀甘宁。

男：又帮咱割麦又帮咱种，

女：哪一个百姓不呀领情。

合：嗨呀梅翠花，海呀海棠花，

哪一个百姓不呀领情。

女：你领情来我也领情，

男：赶上那猪羊向呀前行。

合：一心爱戴咱朱总司令，

一心拥护咱八呀路军。

嗨呀梅翠花，海呀海棠花，

一心拥护咱八呀路军。

这是一首以陕北民歌为曲调的《拥军秧歌》，所表达的是战争年代陕北人民对八路军和朱德总司令发起南泥湾大生产运动的赞颂，以及对八路军和朱德总司令的拥护和爱戴。现在再搬上舞台，借助其欢快的曲调、活泼的表演形式，来抒发一种对美好生活的向往，也是十分恰当的。

与打莲湘相比，姜堰地区的滚莲湘对莲湘的动作设计，难度似乎要高一些。虽然说，无论打莲湘还是滚莲湘，全靠一根“莲湘”与身体动作的配合、变化，进而演绎出各种不同的姿态。然，姜堰地区的滚莲湘，则在“滚”字上下足了功夫。

全套滚莲湘，分上八盘、下八盘，因姿势不同，每盘都有不同的名称。如向前时叫“前八盘”，向后时叫“后八盘”。每盘又分为四门。前八盘，表演时以身体的上半身为主，其击打莲湘的方式为“滚击”，再配以上半身各种柔美的动作；后八盘，以腿部动作为主，舞蹈者呈现出来的多半是刚健的跳跃姿态。而前八盘与后八盘的连接，往往用一过渡性动作，那就是莲湘击地。传统的莲湘舞蹈，其高潮部分是“龙翻身”。表演者必须手持莲湘在地上翻滚，莲湘在人的身体翻滚过程中要协调流畅，表演者的翻滚动作要矫健敏捷，决不能拖泥带水。否则，就失去了观赏性，艺术魅力也会大打折扣。

令我感到惊讶的是，姜堰滚莲湘第四代传人王长山，竟然是时年已逾七旬的农民，他跳起滚莲湘时，竟然有着十分柔美的身姿。其一举一动，体现着里下河农民特有的憨厚诙谐、沉稳乐观，着实让人感动。难怪王长山的弟子、姜堰滚莲湘第五代传人李道功先生感叹："看老师跳起来，美滋滋的，柔丝丝的，舞蹈韵味十足，可自己跳起来却远不是那么回事，感到可望而不可即。"

我是熟悉李道功的，他可是有舞蹈专业根底的，曾担任过泰州市舞蹈家协会主席一职。面对一杆竹制的莲湘，在一个年逾七旬的老农面前，他也只能甘拜下风，心悦诚服地拜其为师。李道功坦言，要拿起莲湘舞几下，跳几下，并不是什么难事，这或许也是现在莲湘普及程度比较高的原因之一。然而，要想真正体现这种民间舞蹈特有的那股劲儿，整个舞蹈过程中散发出来的乡土味儿，以及民间老艺人表演的那种范儿，那就不是一朝一夕能够做得到的了。

妙手生花

物的丰富和多变，可谓是无穷无尽、无边无际。这“无穷无尽”“无边无际”之所以得以实现，不容忽视的因素不胜枚举。人，肯定是其中极为重要之因素。尤其是那些身怀特殊技艺之人，又会让某些物，在其手中愈发丰富、愈发多变。而这种丰富、这种多变，会达到某种极致，使得原始之物得到脱胎换骨之升华。

我接下来想说一说的“面”和“糖”，似乎就是如此。

“面”和“糖”是两种为大众所熟知的食物，与日常生活联系颇为密切。然，当“面”和“糖”，遇见“面塑”和“糖塑”艺人时，它们的呈现，就离开了食物的层面。

“面塑”和“糖塑”，作为两种民间手工艺，大众并不陌生。与糖塑常被称为“吹糖人”（我们当地也有叫“捏糖人”的）一样，面塑最通俗的说法，便是“捏面人”。

“捏面人”主要原料自然是“面”——普普通通的面。经过面塑艺人的“印”“捏”“镶”“滚”等技法，花、鸟、鱼、虫，乃至各式人物，便会在其手中出现，令人称奇。

干面塑这一行的，以诸葛孔明为祖师爷，倒是让我有些意外。比“羽扇纶巾，谈笑间，樯橹灰飞烟灭”之儒将周瑜有过之而无不及，诸葛亮的足智多谋、用兵如神，在《三国演义》里，那是无出其右的。之所以跟捏面人沾上边，且在行内地位至尊，相传是征伐南蛮渡芦江时，突然狂风大作，部队一时无法渡江，是诸葛亮用面猪、面羊、面牛首之类，祭拜江神，让部队安然渡江并一举平定南蛮。由此，“送面羊”“点桃红”之类习俗，在华夏流传开来。

让捏面人走出民俗，从手艺发展成为工艺，则不得不追溯至清咸丰年间的“曹州面人”。在漫长的发展演变过程中，“曹州面人”走向全国，逐渐形成了三大主要流派：山东荷泽李派、北京汤派、上海赵派。山东荷泽李派有李俊兴、李俊福、李芳清等；北京汤派有汤子博、汤夙国等；上海赵派有赵阔明、赵艳林……一时间，大师辈出，佳作频现。

我想向读者朋友推介的，则是面塑这门古老民间艺术在现代的杰出代表之一——被誉为“中国面塑三绝”之一的王洪祥，以及他同样精通面塑技艺的父亲王迪飞。

在推介之前，先说一件事。

时间：1988 年；地点：广州，具体说是在广州博览会上；主要人物：姜堰淤溪的王氏父子，父亲叫王迪飞，儿子叫王洪祥。在这一年的广州博览会上，王迪飞、王洪祥父子带去了他们共同创作的大型面塑作品——水浒人物《一百零八将》。

面塑作品《一百零八将》，整体构造传神生动、完美大气，人物塑造鲜明形象、各具个性。参观者赞誉不断，与会专家更是为王氏父子极其细腻而又老到的面塑手法而称道。一时间，《一百零八将》有了“现象级”传播之效应。

至此，王迪飞在中国面塑界和北京的“面人汤”、上海的“面人赵”

一起，被誉为“中国面塑三绝”。王迪飞的“面人王”称号由此得来。

王迪飞原名王武陵，1928 年出生于姜堰淤溪。年少时的王武陵因受其父王益民之影响，对传统民间艺术兴趣浓郁，投入了大量时间和精力，在乡邻们中间赢得了“小才子”的美誉。

王迪飞若干年后能够成为“面人王”，跟他读中学时的一次“失踪”有关。

那是 1947 年年底，年仅 19 岁、正在读高二的王迪飞，和班上的几个同学突然失踪了，全校一片哗然。

离开学校，离开家庭，这帮涉世未深的学生怎么生活呢？他们究竟干什么去了？为什么会突然失踪？会不会有性命之虞？每个失踪学生，都让校方和他们的家人十分牵挂，焦急万分。

好在没过多久，这帮失踪的学生有了喜讯。原来，王迪飞和几个同学一起投奔了解放军。新中国成立后，王迪飞被分配到苏州报社工作，后来调苏州地委文工团任创作员。和那个时期绝大多数知识分子一样，1957 年王迪飞被下放，先后在浙江湖州、安吉、长兴等地辗转生活，这期间结识了流落到安吉的江西面塑艺人张发进。

对民间艺术的共同爱好，让两个人在物资匮乏、生活清贫的境遇下，有了心灵的交流。面对王迪飞的聪颖和悟性，老艺人喜不自禁，倾囊相授，将自己的面塑技艺毫无保留地传授给了王迪飞。

实操技能与原先的理论功底相结合，王迪飞创作面塑时，如鱼得水、如虎添翼。他将自己所熟悉的戏剧创作理论，运用到面塑人物的刻画之中。他深知舞台上人物的一个眼神、一个亮相，都是其内心世界的折射和反映。因此，王迪飞在面塑时着重把握人物的内心活动和性格特点。老百姓称赞他的面塑作品：活的。

有一则小故事，可为王迪飞佐证。说有人故意为难王迪飞，点了个“马蜂蜇瘌头”的题，让王迪飞“点题创作”。

那人原本想让王迪飞在“点题”面前下不来台，难堪。谁承想这有难度的题，反而激发了王迪飞的创作灵感。在稍作构思之后，王迪飞便有了想法。

此刻，面团在王迪飞手中仿佛被赋予了生命，手随心到，心到意现，自由幻化，似有灵性。不一会儿，一件“马蜂蜇瘌头”面塑作品完成了。只见那瘌子，一只手护着瘌头，另一只手护着惊恐万分的脸。何故？那瘌子头顶上方，一只马蜂正紧追不放呢！你看，那瘌子右脚向前提起，左脚向后甩开，身上衣衫飘忽不定。一个既滑稽又狼狈、既夸张又逼真的瘌头形象，活灵活现立于王迪飞的手掌上。如此妙趣横生之作，引来围观者一片叫好。那人只得拱手认输：“神了，真神了。”

王迪飞虽多才多艺，为人正直，然一生坎坷，生活清贫。积劳成疾，让其过早离开了人世。他去世前，只留给老四王洪祥一句话：再苦再难，也要把王氏面塑传承下去！

成了王氏面塑又一代传人的王洪祥，为了继承父亲遗愿，唯有比父亲更专注、更投入。他不甘默守传统家法，不愿停滞不前，孜孜以求，寻求新的突破。

1990 年，他创作出了《红楼梦 · 金陵十二钗》系列面塑作品，被选赠北京第十一届亚运会组委会。这是王洪祥在面塑题材上的一次大胆突破！原本质朴的民间技艺，在《红楼梦》这部高雅的文学经典作品中，找到了施展技艺之空间。这“俗”和“雅”，让王洪祥借助面塑得以巧妙融合，达到了“大俗”“大雅”之境。

2010 年 10 月，应澳门特别行政区文化局邀请，在澳门特别行政区民间工艺展演上，王洪祥精妙的技艺更是迷倒了众多澳门当地民众和来自世界各地的游客。

但见，红、黄、蓝、白等各色面团，经过王洪祥十指灵巧地“揉”“搓”“捏”“压”“贴”“拍”，再辅以剪刀、塑签等塑型工具，不一会儿，正襟危坐的唐僧、腾云驾雾的孙悟空、大腹便便的猪八戒、慈眉善目的老寿星、身姿婀娜的仙女、一身正气的关云长，等等，一个个为民众喜闻乐见的人物从王洪祥手指间诞生了。

传神的造型、动人的细节、丰富的色彩，让原本极其寻常的“面”，脱胎换骨之后，有了不一样的“精气神”。人们用“出神入化”来褒奖王洪祥的面塑艺术。澳门行政区负责文化活动的殷立民先生更是给予王洪祥面塑高度评价，认为“值得推广到全世界”。

古人有云：“看似寻常最奇崛，成如容易却艰辛。”王洪祥的面塑艺术之路，走得并非一帆风顺。为了信守父亲临终前“把王氏面塑传承下去”的遗言，王洪祥放弃了来钱更快的中堂画绘制，最终妻子离他而去。当我认识他的时候，他已经学会了川剧的喷火和变脸，时不时出现在一些婚庆现场。

王洪祥的无奈和艰难，无须细说矣。墙内开花墙外香的境况怎样才能打破呢？我抓住了地方政府“泰台一家亲”活动策划契机，在向台湾嘉宾进行传统民间工艺展示环节，植入了王洪祥面塑表演。在此之前，我让王洪祥精心准备了几位到场重要嘉宾的个人塑像。当王洪祥将一尊尊栩栩如生的塑像赠送给嘉宾本人的时候，嘉宾们惊讶得张开了口，却说不出来话。

我知道，这样的赠送，实在是太出人意料也。其实，这对于我和王洪祥而言，只是故技重演。几年之前，在我策划的《欢乐中国行》大型演唱会现场，我就曾让主持人董卿给台湾歌手周华健献上一尊王洪祥制作的周华健面塑像，令周本人大为惊奇，连连道谢。

此番给台湾重要嘉宾塑像，王洪祥当然驾轻就熟，果然一举成功。王洪祥至此真正走进了地方领导的视野。于是，泰州稻河古街区开街之日，王洪祥被安排在开街人流最密集的中心区域，向成千上万的游客展示自己的面塑技艺。王洪祥的周围，成了一个巨大的磁场，吸引得大人小孩挤挤簇簇，水泄不通。

成为非遗传承人的王洪祥，走进了校园，走上了讲台。在我主导下，泰州市文联为王洪祥设立了“王洪祥面塑工作室”。王洪祥的面塑技艺，愈发炉火纯青矣。在第五届中国非遗博览会传统工艺大赛上，王洪祥现场创作了一位须发皆白的老者形象，老者微倾着身子，跷起的左腿上搁着一把二胡，他左手执着胡身，右手轻拉弓弦，耳朵紧贴着胡弦，双目微闭，仿佛正在倾听着从弦上流淌而出的美妙乐音，全然一副陶醉之态。这尊名为《陶醉》的面塑作品，从全国两千多名非遗选手中胜出，进入非遗高手决赛环节，最终获得泥面塑类作品奖第二名，实属不易。王洪祥告诉我，第一名为泥塑，面塑他是第一。

用思想塑造传神精品，成了王洪祥更高追求。他的乡贤面塑系列，受到了广泛赞誉。郑板桥、黄龙士、梅兰芳、高二适、单声等30位泰州乡贤，各个形神兼备、各具姿态，展示出泰州的钟灵毓秀。不止于此，2020年庚子之春，疫情暴发，八十岁高龄的钟南山院士，义无反顾奔赴重疫区指导抗疫，这激发了王洪祥内在的创作冲动，很快一尊《无畏先锋》面塑作品诞生了。

2021年，王洪祥给家乡人民奉上了一份厚礼：面塑作品《草根文化盛会》。这一以“家乡淤溪农历三月庙会”为题材而创作的面塑组合作品，古镇风貌凸现，舞龙、舞狮、扭秧歌，民俗风情浓郁、场面宏大、气势恢宏、清晰可见的人物就有266个之多，各种饰物、器械不计其数。为完成这一面塑作品，王洪祥用了整整两年时间。他30多次走访老艺人，收集积累创作素材。据专家介绍，这件作品，为目前国内外面塑作品中体量最大，完全可以位列吉尼斯世界纪录。

肩担糖担走四方，

敲起铜锣响当当；

儿童一见笑颜开，

争相前来购塑糖。

如前文所言，糖塑，通俗说法叫“吹糖人”，我们当地也有叫“捏糖人”的。这在我儿时的记忆里，是有印象的。

那时的乡村，时常可见挑着糖担子的走村串舍。这挑糖担子的铜锣敲到哪儿，村上的一大帮孩子便跟随到哪儿，似群蜂簇着花朵一般，赶都赶不走。这挑糖担子的有两种：一种就是我想说的，吹糖人，抑或捏糖人的；另一种便是换糖的，不仅敲着小铜锣，嘴里还吆喝着“鸡毛、鸭毛、甲鱼壳换糖啰——”。

不论是哪一种糖担子，他们的担子上都有着同样吸引孩子的东西：糖！实在说来，糖，在那个吃饱肚皮都不易的年月，无疑是个奢侈品。现如今，家长不让孩子多吃糖，不是糖有多精贵，而是多吃影响身体健康。真是此一时，彼一时也。

就像面塑有一个响当当的祖师爷一样，糖塑的祖师爷也毫不逊色，甚至资历更为深厚。他就是明朝开国皇帝朱元璋的军师——刘伯温。

你还别说，这刘伯温还真是厉害。他不仅帮助朱元璋打下了江山，建立了赫赫功勋，还与多个民间行当的起源、发展和兴盛有着千丝万缕的联系。如果读者朋友还有印象的话，我之前介绍过的我家乡的戴窑砖瓦及戴窑砖瓦雕刻，就跟刘伯温有很大关系。

糖塑，怎么又会跟大名鼎鼎的刘伯温扯上关系的呢？读者诸君，且容我慢慢道来。

这里有两个版本。版本之一：说是朱元璋在一场战役中，当地武装放出毒蜂蜇伤打头阵的将士，致使战役久攻不下。能谋善断的刘伯温，巧妙利用蜂类嗜甜之特性，命人大量熬制麦芽糖，将麦芽糖的汁液涂抹在穿着军衣的草人上。士兵们冲锋时，将草人高举在前，麦芽糖的甜味，一下子将毒蜂全都吸引到了草人上。毒蜂们拼命吮吸着麦芽糖的甜汁，早把蜇人之正事抛到爪哇国去矣。

版本之二：话说明洪武初年，朱元璋为了巩固自己的皇权，坐稳朱氏江山，不惜大开杀戒，致使不少开国功臣被杀。“胡惟庸案”“蓝玉案”接连发生，一时间朝野上下人心惶惶。那些原本是朱元璋的股肱之臣，一个个都想方设法，以求性命自保。这当中就有刘伯温。

据说，刘伯温曾一度乔装改扮，暂离南京，以“吹糖人”掩饰自己的真实身份。正因为如此，刘伯温便成了里下河一带及长江中下游地区糖塑行业艺人们的祖师爷。时至今日，每年的农历八月十五，糖塑艺人们都还要参拜“刘祖师爷”。

我当然不想一再赘述这神通广大的刘伯温的事迹，而是想借此机会向读者朋友们介绍一位我们当地的糖塑艺人谢荣安，当地人称其为“糖人谢”。巧的是，这“糖人谢”，与前文我所推介的“面人王”王洪祥，乃同乡是也。

这“糖人谢”谢荣安，姜堰白米镇人氏。家中有兄妹 5 人，日子过得十分清苦。为谋生计，谢荣安 15 岁时便跟随一个名叫王学文的糖塑师傅学艺。

说起谢荣安的师傅王学文，那可是个有着不凡经历之人。20 世纪 30 年代，他就独闯上海滩，在老城隍庙一带靠糖塑手艺糊口谋生。

王学文的糖塑技艺，那就一个字：绝！他吹出的鸟儿，展翅欲飞；他捏出的人物，似有呼吸；他制作的花卉，招蜂惹蝶。特别值得一提的是，他捏制的军号，不仅其外形与真的军号几乎一样，而且吹奏起来的号声，几可乱真。

王学文这一糖塑绝技，一下子名震上海滩，得到了不少洋人的青睐。他的糖塑军号，在那些远涉重洋的老外手里，被边走边吹，“呜里哇啦”的声响响个不停，成了上海滩老城隍庙一带一道颇为有趣的“西洋景”。

这“西洋景”被一些外国媒体加以渲染报道，让王学文成了上海滩很有影响力的糖塑艺人，因此获得了“糖人王”之称号。

晚年的王学文，叶落归根，从上海回到老家江都。这让谢荣安跟其拜师学艺有了机会与可能。或许谢荣安天生就是吹糖人的材料，据说他在师傅悉心传授之下，仅用百日就满师回家了。这在任何一门手艺的学习传承中，都极为少见。

“百日满师”之殊荣，让谢荣安有了一份自信和期盼。他白天挑着糖担子走村串巷，夜晚则在灯下潜心钻研糖塑技巧。不厌其烦地反复实践，还真让谢荣安在“吹”和“塑”的巧妙结合上，有了新的感悟，摸索出了新的门道。譬如，做一只小猪，在“吹猪身”的同时，谢荣安便将“伸猪腿”“捏猪嘴”“拉猪耳”一并进行。不一会儿，一只憨态可掬的糖小猪，似乎从谢荣安手指间蹦跶而出，告诉人们什么叫“一气呵成”。

常言说：“功夫不负有心人。”经过几年的刻苦努力，谢荣安在前人的基础上有所突破、有所创新，并且总结出了“十字经”——扯、吹、拉、捏、搓、接、贴、剪、压、定，为自己赢得了“糖人谢”之美誉。

一件糖塑作品，从坯料加工到制作成型，大致有 7 道工序：选料、熬膏、调色、扯拉、吹塑、成型和固定。

这当中，最重要的工序，当然是吹塑。“吹”和“塑”，在实际操作时，绝对不可截然分割。“吹”，要控制好运气的大小、力度的强弱，做到边“吹”边“塑”。这就需要艺人根据制作物件要求，进行“拉”“捏”“扭”“压”等一系列动作，直至所制作的物件完全成型。

衡量一件糖塑作品是否成功，因素固然很多。然，作品的外观，直接影响着顾客给出“印象分”的高低。因此，调色这道工序完成得怎样，显得至关重要。调色之关键，是要把握好火候，进行色素与糖稀的融合。通常加入的食用色素为黄、蓝、黑、红四种，需要艺人根据作品题材，进行合理分工，巧妙搭配，让色彩成为作品丰富和饱满的催化剂。

《白鹤戏荷》《凤凰展翅》堪称谢荣安的代表之作。前者，一只丹顶白鹤立于一荷叶上方，曲颈注视着前方的另一片荷叶，嬉戏之意尽现。后者，一只翘首观望的凤凰，振动着长长的尾翼，似乎在向人们展示其靓丽而多彩的羽毛，富丽华贵。

谢荣安的糖塑占尽了“鲜”“活”“灵”“动”四字，让原本普普通通的糖料，鲜活了起来，灵动了起来，有了生机，有了生命，具有了民俗价值、艺术价值和人文价值。

只不过，早年那种“肩担糖担走四方，敲起铜锣响当当；儿童一见笑颜开，争相前来购塑糖”的景象，现在已不存在矣。糖塑，这样一种古老的民间手工艺，正与我们现代人的生活渐行渐远，几近失传。我真的不知道，“糖人谢”的糖担子究竟还能挑多久呢？

湘行二题

璀璨的生命之花

……

我是蔡伦，我从汉朝而来，约公元62年，我出生于湖南桂阳（今湖南耒阳），是我改造了造纸术，后人将其传播到了朝鲜、越南、日本以及中亚，一张纸，走向了全世界。

我是东吴名将黄盖，赤壁之战，我和周瑜上演了一出苦肉计！

我以狂草闻名于世，世人称我为“草圣”。多年后，在韶山冲，有一位后人以我的字体书写了“长沙”二字。我怀素自唐朝而来。

我叫王夫之，从明朝而来，湖湘文化自我而始。

我是朱洞，我从宋朝来。我曾在潭州担任太守一职，并且是我创立了岳麓书院。

……我们都是湖南人。我们从5000年的历史中向你走来。

在音效、烟雾的烘托与渲染之下，原本看似寻常的山峰，每一个洞口，此时都出现了一位古人，长衫飘逸、神采飞扬的古人！原本平静的湖面，一艘艘乌篷船陆续驶来，在灯笼的映照下，伫立在船头的先贤们，一个个气宇轩昂、满面红光。

观看过长沙道林古镇《千年铁魂——湖南人》实景演出的朋友，自然会知道，我所介绍的，正是这场实景演出的序曲之片段。

吸引我来到道林古镇的，原本是一种名叫“打铁花”的民间技艺。生于农村、长于农村的我，对“打铁”这样的民间手艺，并不陌生。对因“打铁”而产生的“铁花”，亦有基本的认知。小时候，在铁匠炉子旁观看铁匠师傅操作，铁花飞溅的场景也曾不止一次见过。

此番前来，听介绍说，观看“打铁花”表演需要近一个小时的时间。心中不免嘀咕，如此简单的民间工艺，不外乎锤锤打打之后，看铁花四溅，何需如此之长的时间？工匠们有力气支撑这么久吗？

我的这点小心思，完全是自己固守陈见、眼界狭隘所致。当地朋友介绍说，道林古镇的打铁花，乃国家级非物质文化遗产。起源于北宋，兴盛于明清，至今已有千年历史。工匠们在进行打铁花表演时，铁水温度达到1600℃—1700℃。如此巨高的温度，无疑给工匠们表演时增加了超高的难度。

我和友人还在交谈着，演出的现场，霎那间，铁花飞溅，无比绚烂。不知什么时候，对面的山上，工匠们铁铲一挥，铁花纷纷扬扬、飘飘洒洒，流火似金，溅星如电，与天地同辉，如星辰闪耀。

面对如此壮观、如此震撼的展示，我不得不承认，这一切超乎了我的想象。这样的展示，完全不逊于一场超大规模的烟花秀。

我这惊讶之口尚未合拢，更大的惊喜接踵而至——

……

我是陈树湘，29 岁，湖南长沙人，我牺牲在湘江战役。

我是左权，湖南醴陵人，牺牲在山西辽县。

我是何叔衡，湖南宁乡人，我牺牲在福建长汀。

我是郭亮，湖南长沙人，我牺牲在长沙。

我是陈龙骧，湖南长沙人，我牺牲在长沙战役。

我是赵伯华，湖南永州人，我牺牲在皖南事变。

我是卢东升，湖南湘潭人，我牺牲在哈尔滨。

我是黄公略，湖南湘乡人，我牺牲在反“围剿”战争中。

我是彭士量，湖南浏阳人，我牺牲在常德会战。

我是孙开楚，湖南郴州人，我牺牲在山西辽县。

我是李白，湖南浏阳人，我牺牲在上海浦东。

……为了人民，为了国家，前进。

山体的洞口边，出现了一个个烈士的身影，他们的介绍铿锵有力，掷地有声。此时，山体最高处，最大规模的 10 组铁花表演开始——

但见，一团团，一簇簇，铁花升腾，在夜空中绽放，绚烂瑰丽，光芒万丈。顿时间，映红了天空、映红了湖面、映红了演出现场，更映红了每位英烈的脸庞……

这一团团、一簇簇升腾的铁花，不正是一个个革命烈士璀璨的生命之花凌空绽放吗？听着一个个英雄的名字，观看着荣耀绽放的铁花，我热血沸腾，心潮奔涌，悄然起立，举起右手，向英烈们致以崇高的敬礼！

《千年铁魂——湖南人》实景演出的余韵犹存，它带给我的思考仍在脑海中盘旋。这场演出巧妙地将一种古老的民间技艺与当地红色资源进行了如此精妙的整合，为非遗的保护与传承注入了新鲜血液，让红色基因如此生动鲜活地呈现出来。

我在长沙道林古镇看打铁花实景表演，有了如此深切的体会。

今夜，看湘江梦幻般绽放

我从不怀疑解锁湖南命运密码的母亲河——湘江的知晓度和美誉度。这样一条红色基因纯正的水系，远不止关乎于湖南之命运。

我曾不止一次地漫步于湘江岸边，听潺潺而鸣的悦耳湘音，看奔腾北去的滚滚波浪；我也曾不止一次地伫立于橘子洲头那尊伟岸的雕像前，领略那青春风华、勃发英姿，感受那博大胸襟、宏伟志向。那熟悉的湘音在我耳旁萦绕——

> 独立寒秋，湘江北去，橘子洲头。看万山红遍，层林尽染；漫江碧透，百舸争流。鹰击长空，鱼翔浅底，万类霜天竞自由。怅寥廓，问苍茫大地，谁主沉浮？
>
> 携来百侣曾游。忆往昔峥嵘岁月稠。恰同学少年，风华正茂；书生意气，挥斥方遒。指点江山，激扬文字，粪土当年万户侯。曾记否，到中流击水，浪遏飞舟？

一代伟人在青年时期，就有了以天下为己任，致力改造旧中国的革命情怀，何其壮哉！在那漫漫黑夜里，这无疑在更多民众心头，特别是那些热血青年心头点燃了一盏灯——一盏指路明灯！一首《沁园春·长沙》激发了多少同学少年的书生意气，让他们向苍茫大地发问，谁主沉浮？一首《沁园春·长沙》又激励了多少同学少年指点江山，激扬文字，最终使他们走上了革命征途！由此，当一代伟人在天安门城楼向全世界庄严宣告了新中国的成立，身为一个中国人是何等自豪和荣耀啊！这种自豪和荣耀，有如绵延不绝的湘江水，浸润着每一个中华儿女的心田。

今夜，我第一次置身于湘江上，看湘江有如梦幻般绽放。

夜幕降临，华灯初上，随着游船的一声笛鸣，我便和众多来自全国各地的游客一起，开启了夜游湘江之旅。

时令虽已入夏，夜风依然清凉，那翻滚着的浪花依然晶莹。是那湘江两岸鳞次栉比的摩天大楼上，一波一波的灯光秀，如梦如幻，令人目炫。

看！一根根明亮的线条，勾勒出了楼群立体的轮廓，原本在黑夜中静默着的建筑物，刹那间有了靓丽的模样。看！一群群艳红的金鱼，欢快游来，它们摇头摆尾，身姿活跃，让原本钢筋混凝土的建筑有了灵性。再看！一团团璀璨的烟花，在楼宇间绽放，光彩夺目，色彩绚烂，似乎有燃爆声在耳边响起——

哔——！啪——！

哔——！啪——！

烟花散落，楼宇上的巨大字幕惊喜展现——

“长沙欢迎您！”

朱红色的大字，让人心生暖意。有人情不自禁地高喊道：“长沙，我爱你！”还真是一呼百应，更多的游客跟着高喊起来：“长沙，我们爱你——”

置身如此温馨、如此浪漫的氛围，真让人有了回到青葱岁月的念头。试想，于细雨霏霏的春日，与相爱之人漫步湘江之畔，听湘江浅唱低吟的同时，听恋人诉说绵绵相思，该是何等曼妙？

抑或，我在橘子洲头等你！面对这样的邀约，又有几人不心动呢？“我失骄杨”这份痛彻心扉之前，那份相亲相爱，那份缠绵悱恻，曾经打动了多少青年男女哟！好吧，亲爱的人，亲密的爱人，让我们在花好月圆之夜，于橘子洲头，完成一个世纪之约吧！

我不禁心生感慨，今夜的湘江，给了我如痴如醉的视觉盛宴，长株潭一体化之后，有了“省会担当”意识的长沙，还真是不一样矣！

这个如此醉人的夜晚，给我的惊喜接二连三。当游轮停靠在渔人码头，我发现，近千米长的岸线，几乎被一只小小的龙虾独占了鳌头。放眼望去，一棚接一棚，一桌连一桌，最亮眼的美食，非小龙虾莫属。那通红通红的小龙虾，一盆一盆放满了餐桌，于热气升腾之中，那特有的辣香弥漫开来，紧紧抓住了食客们的味蕾。再看那围桌而坐的食客们，乌泱乌泱的一大片，成了千，上了万，场景甚是壮观。

经过一段时间的等待，我终于如愿以偿。品尝着辣中带香、香中藏鲜的小龙虾，即便嘴里辣得微微刺痛，也不肯松口。还好，这时友人递上来一杯凉茶：茶颜悦色。这款网红饮品，知名度、美誉度之高完全超出了我的想象。

小龙虾，我的家乡也有，可从没有做出如此壮观的规模。关于湘茶，我多少也有些发言权。因为多年之前，我曾专门写过湘乡四道茶，而其中的擂茶给我留下的印象颇为深刻。可多年之后，当我面前放着这杯网红饮品“茶颜悦色”时，我竟对其如此陌生。

我不得不说，这款“茶颜悦色”，以其凉甜幽香，完美地化解了我刚才品尝小龙虾时留下的辣意。在那一瞬间，我就深深地喜欢上了这款深受年轻人喜爱的饮品。

第二辑

吾乡风流

花开泰州

泰州，从时间深处走来的泰州，有着2100多年的建城史；泰州，从历史深处走来的泰州，诚如赵朴初所言，“州建南唐，文昌北宋，名城名宦交相重”。胡瑗、施耐庵、王艮、柳敬亭、郑板桥、刘熙载、梅兰芳，一位位历代先贤，灿若星斗，闪烁在历史的长河之中。时间流逝也好，岁月沧桑也罢，都遮掩不住泰州文化魅力。于我而言，似乎有些偏爱从大自然怀抱走来的泰州。

春天的泰州，给我印象极深的，当数千垛的菜花、溱潼的茶花、凤城河的桃花。

“眼前的一大片又一大片的菜花，一垛又一垛的漂浮在水中的田，它既是水淋淋的，又是沉甸甸的；既空灵飘逸，又厚重沉稳。”这是江苏省作协名誉主席范小青笔下，我老家兴化的千垛菜花。

“举目四望，前后左右满是菜花、菜花、菜花！在阳光的映照下，眩目的金黄、金黄、金黄！蝴蝶翩跹，蜜蜂嗡吟，一阵阵浓烈的菜花香气，像酒一样醉人，我也确像醉了酒似的萌生着一些睡意了。”这是散文名家忆明珠，面对千垛菜花所抒发的切实感受。

“河有万湾多碧水，田无一垛不黄花。”君不见，初春时节的千垛景区，用“游人如织”，都不足以描绘其生动火热的情境。一拨接一拨的游人，有如潮水一般，涌入景区，他们为漂浮于水上的菜花而惊叹，更为眼前的自然生态而陶醉！

有一年，我兴致勃勃地带领着美国著名诗人 C.D. 赖特、斯洛文尼亚颇具影响力诗人阿莱什·施蒂格、苏格兰作家约翰·伯恩赛德、牙买加诗人夸梅·道斯、澳大利亚诗人丽莎·林等十几位参加国际笔会的诗人、作家，来家乡垛田观光采风，国际友人们硬是被景区乌泱乌泱的游人吓停了脚步。只见新建的景区公路上，数公里长的各式车辆堵得水泄不通，真可谓寸步难行。同事戏言道，做梦也不曾想到，看千垛菜花，倒看到了一场超大规模的车展。

幸运的是，家乡的千垛菜花景观此刻正对外开放，既可近处细品，亦可远远观赏。说来区别不算太大。就这样，一帮国际友人放弃了与千垛菜花零距离亲密接触，来了个远距离观赏。

茶花一树早桃红，
百朵彤云啸傲中。

同在阳春三月绽放的，不仅有我老家的千垛菜花，还有溱潼千年古茶。我有幸在其盛花期，伫立于它的面前，领略它的花团锦簇、繁花似锦，更领略它顽强而旺盛的生命力。

这株生长于溱潼古镇、具有一千多年树龄的古山茶，盛花期满树彤云，层层叠叠的花瓣如红玛瑙一般，枝头的碧叶似片片翡翠，让人体会着“千朵万朵压枝低”之盛况。

据专家认定，此山茶，属人工种植。在全国华东山茶树中创下了六个之最：树干最高，达 11 米；根部直径最大，达 45 厘米；树龄最长，已逾千年；开花最多，盛花期可达万朵；生长最茂盛，历经千年仍生机勃发；生长位置最北，在华东山茶类茶树中处于最北端。基于此，这株古茶树被授予了“中国茶花王”之称号。

面对这样一株茶树，自然要做出好文章。为此，地方上专门策划设立了“花样情缘·茶会溱潼”古山茶观赏节，古山茶艳丽风采得以充分展现。

现在，溱潼千年古茶树，已经成为古镇旅游的一张响当当的名片走向了全国。它先后与云南丽江古山茶结为“姐妹花”，与台湾阳明山红山茶结为“团圆树”，为“中国最美村镇”溱潼增光添彩，扬名华夏。一株茶树，一年之中吸引游客就可达 30 万之众，可见其魅力非同寻常。

桃叶映红花，
无风自婀娜。
春花映何限，
感郎独采我。

与享有“全国十大花海”美誉的千垛菜花，以及具有“中国茶花王”称号的溱潼千年古茶相比，凤城河景区内的桃园，知名度似乎小了一些。然，步入陈庵孔尚任旧居，一部《桃花扇》，定然会为桃园增色。如此一来，桃园之桃花，便有了奇异的芳香。

三百多年前的那些寂寥春日里，不谙官场争斗的孔尚任，在落宿之所陈庵，潜心创作着明末才子侯方域与秦淮歌妓李香君悲欢离合的爱情故事。这凤城河的灼灼桃花，是孔尚任赋予了你们生命的异彩。

三百多年后的今天，凤城河畔的桃花，轻盈开放在春风里，再也不用背负那么沉重的国仇家恨矣。

嫣红、粉白、姹紫、湖蓝，集百余品种、数千桃树于一园，由此获得观赏桃树全国之冠，桃园，自然不容小觑。漫步其中，与春风为舞，与桃花为伴，感受到的是，曲径幽幽，千桃如画。于春风里，细赏清眉秀目的白桃花，但见其花心中那一点点淡淡的红，有如腮上胭脂，何等娇羞。再看热情似火的红桃花，亦如一张张青春少女的笑脸，娇艳绚烂，充满生机与活力，让多少青年男女流连徜徉，情愫暗生，演绎出几多佳话。

这样的景象，现在只能从记忆中搜寻矣。新冠疫情的暴发，正深刻改变着这个世界，同样改变着人们的生活状态。

诚然，大自然并不会因此停下自己的脚步。又是一年春好处，花开泰州铺锦绣。不论是千垛菜花，抑或千年古茶，乃至凤城河的桃花，“你既不能来，我便拍给你看！”各大景区纷纷借助现代传播手段，推出了“云赏春光”，让游客们足不出户，亦能感受泰州之美。此举之于灿烂盛开的菜花、茶花和桃花，也是一份慰藉吧。

那梦幻般的紫，
在蓝天下盛开，
绚烂，浪漫，迷人。
花香，随风飘散，
进入我的梦乡。
一同进入梦乡的，
还有你，
我的普罗旺斯女郎。
当你，温柔地，轻唤我名，
让我有如置身异国他乡。

并不是诗人的我，在观赏了家乡的一处薰衣草庄园后，几行长短句，从心底流淌而出。

春走夏来。初夏时节的泰州，有一处颇具异域风情之所在，那便是海陵麒麟湾薰衣草庄园。每逢薰衣草盛花期，那片迷人的紫色，便在如织的游人身边荡漾。伴随着夏日的微风，飘散出馥郁的芳香。

这座占地 210 亩的薰衣草庄园，坐落在泰州城北的麒麟湾，是苏中地区唯一的薰衣草主题庄园，也被誉为“泰州的普罗旺斯”。庄园内，100 万株亭亭玉立的纯正南法薰衣草，汇聚成一幅 13 万平方米色彩艳丽、情调浓烈的浪漫画卷。泰州人，终于无须远渡重洋，在家门口就能找到属于自己的“普罗旺斯”，与心爱之人共同拥有一份美好与浪漫。

这份美好与浪漫的缔造者，是一位刚过不惑之年的“文艺青年”申晓明。

有着 15 年媒体从业经历的申晓明，几年前的一个偶然机会，让他迷恋上了薰衣草。薰衣草美景“入眼、入心、入脑”的三重境界，一下子触碰了申晓明的心灵深处，这不正是他苦苦寻觅的诗和远方吗？于是，他迫不及待地想让梦想照进现实，想让薰衣草在泰州大地上绽放。

诗和远方的浪漫，现实的严酷，申晓明一下子就体验到了。自己费了洪荒之力，辛辛苦苦在泰州花博园试种的一万多株薰衣草，全军覆没，枯死在第二年的春天里。

失败，并没有让申晓明停下追梦的脚步。那时，有如“许三多附体”的他，用一种近乎痴迷的执着，奔波于大江南北。终于，他在新疆伊犁求到了自己魂牵梦萦的薰衣草新品种。

一个具有浪漫气息的薰衣草主题庄园项目在海陵麒麟湾落户，申晓明再次开始了对“紫海蓝天”美景的追求。

俗语有云：“一分钱难倒英雄汉。”追梦中的申晓明，确确实实体会到了。当时，他倾其所有筹集的 1000 万元资金已全部用完。春节将至，意味着年关即在眼前。很多工程款没结算，很多投入还没着落，申晓明面临着资金链断裂之险境。

为了自己心中的“诗和远方”，想象着“紫海蓝天”美景在自己眼前实现，申晓明决定破釜沉舟，背水一战。他卖掉了自己在泰无聊公司的股份，抵押了自己的住房，总算结清了工程建设中的各项费用，他在跌跌绊绊中度过了年关。

翌年春天，薰衣草庄园内的薰衣草全部成活。阳光下，春风里，在一望无际的花海之中，申晓明把自己变成了一只快乐的小鸟，沿着庄园的芳径，展翅飞翔。申晓明的成功，意味着2100多年以来，泰州第一次拥有了“普罗旺斯”般的花海美景。他怎么能不为之飞奔，为之陶醉呢？！更何况，为了这份“美丽事业”，他经历了失败，经受了考验，可谓是“衣带渐宽终不悔，为伊消得人憔悴”。

经过两年蛰伏，申晓明的薰衣草庄园进入了盛花期。满园紫光闪烁，紫浪荡漾，四面八方慕名而来的游客，被那份唯美所倾倒，被那份浪漫所缠绕。他们带着憧憬、带着渴望，在庄园内放飞身心、放飞心灵。这一刻，申晓明无疑成了花海中最美、最帅、最幸福的护花使者。

紧接着的四场主题活动策划，让薰衣草庄园声名大振。花海美食节、“520”相亲大会、紫浪天空音乐节、感恩母亲节四场主题活动，打造出了三个“10万＋”和一个“100万＋”的爆款案例，在泰州产生巨大反响。这当中，“感恩母亲节”主题策划活动，当天游客突破10万人次，创造了泰州旅游单园单日接待游客数量的历史新高。而在抖音上，这一主题策划的短视频播放量突破1200万次。一夜之间，申晓明的薰衣草主题庄园成为了新晋网红打卡地，也成了泰州美丽乡村建设的一张亮丽名片。

秋天到来，

蝴蝶已经死了的时候，

你的碧叶要翻成金黄，

而且又会飞出满园的蝴蝶。

稍有一点文学常识者，当然知道，这是郭沫若先生笔下所描述的银杏。

泰州所辖泰兴市，是全国闻名的“银杏之乡”。国家古银杏公园，便坐落在有着“天下银杏第一镇”美誉的宣堡镇境内。占地总面积达 1600 公顷的江苏泰兴国家古银杏公园，由 15 个古银杏群落构成，是全国面积大、数量多、树龄高、林相佳、保护好的古银杏群落，被专家誉为“自然之奇迹，休闲之胜地”。

而渔家子春生和银杏仙子治病救人的动人传说，至今仍被人们广为传颂。这一美丽传说，也曾被我移植到了我的第三部长篇小说《残月》中。银杏仙子幻化成人，和丈夫春生用银杏叶煮制成汁液，救治村民，赶走了瘟疫。最后，银杏仙子一头秀发落尽，仙子变丑女，丹气耗尽，复归杏林。至此，春生终生守林，期待千年轮回，再续前缘。

若干年过去，春生早不在了。湖边的那株银杏树，早繁衍成了一片银杏林。人们忘不了那心地善良的银杏仙子，于是给这片湖起了个好听的名字——银杏仙子湖。

深秋时节的江苏泰兴国家古银杏公园，则是一个金色的世界。杏叶金黄，黄得没有一丝杂质，黄得那么纯粹、那么淳厚。在艳阳下，闪烁着黄灿灿的光芒。满枝都是新结的白果，色泽微黄，在秋风中摇曳着。偶或，有杏叶飘落，如蝴蝶翩跹飞舞。

秋风渐劲，江苏泰兴古银杏公园便会杏叶缤纷，下起金色的杏叶雨来。不一会儿，银杏树下，铺呈出金黄色的地毯，与金黄色的树冠遥相呼应。金黄色，一下子填满了整个公园，成了唯一的主宰。此刻，若随风而行，任由杏叶雨飘洒着滑过你的身体，来一场“银杏森林浴”，好不惬意！唯有这样去体验感受之后，你才会觉得这宣堡镇，之于“国家级生态镇”，之于“江苏省环境优美乡镇”，完全是实至名归。

行文至此，请允许我用刘鹏春、吴小平这两位泰州籍艺术家为家乡写的一曲《花开泰州》，为本文作结吧——

“记得天女散花，曾问花落谁家。梅郎天籁回答，泰州老家。问垛田菜花，谁的花样年华。问陈庵桃花，谁的梦笔生花。问溱湖药草花，谁的生命出彩。问千年山茶花，谁的青春焕发。花开泰州，朵朵是芬华。

借板桥一支彩笔，且将画魂着意画。那禅意莲花，开遍吉祥人家。那稻河芦花，记取当年繁华。那良宵礼花，岁月锦上添花。那江潮浪花，征人梦里奔马。花开泰州，朵朵是风华。请敬亭续响醒木，好把故事传佳话。”

泰州，正沐浴在新时代的春风里，面朝大海，春暖花开。

路在云水间

家乡兴化，是个远近闻名的水乡。虽没有“黄河远上白云间”之壮阔，却有着“河有万湾多碧水”之秀美。大纵湖，得胜湖，乌巾荡，旗杆荡，串场河，蚌蜒河……可谓是湖荡纵横，河汊密布。目之所及，皆为水也。

“出门见水，无船不行。”这样的表达，我一度以为，说的就是我的老家兴化。直至足迹散落在大江南北，方知并不只有兴化是这样的自然生态。那些把自己淡成一幅幅水墨的江南水乡，是如此；而那久负盛名的意大利水城威尼斯，以及荷兰首都阿姆斯特丹，油画般绚烂，亦如此。当我乘坐着船形奇特的贡多拉，在威尼斯水城悠然而行的时候；当我于夕阳下，静坐在阿姆斯特丹运河边的船屋里闲品咖啡的时候：恍如回到了多水的故乡。让我意想不到的是，多年之后，诸如威尼斯水上贡多拉之类的船只，有些竟然是出自我家乡的工匠们之手，让我对家乡的工匠们心生敬意。

说起来，老家兴化的水和船，与其他地方还是有着不一样的风貌。

早年间，兴化的河道野藤般乱缠，一副蓬蓬勃勃的样子。河汊上，极难见桥。而各式各样的小船，趟鸭似的，三五成群，漂在水面上。这样一来，在兴化乡间，村民们似乎与生俱来地多出一种本领：驶船。

我的同乡、著名作家毕飞宇就曾经说过这样一段话："河流就是我们的路，水也是我们的路。兴化人向来是用手走路的——两只脚站在船尾，用篙子撑，用双桨划，用大橹摇。运气好的时候，就是顺风的时候，你就可以扯起风帆了。"

从毕飞宇这段话中，不难看出驶船的四种形态：篙撑、桨划、橹摇、帆扬。当然，实际生产和生活中，还有一种形态——纤拉。不过，兴化人真正拉纤的时候并不多。

船，成了兴化村民们出行、劳作必需的重要载体，在日常的生产和生活中不可或缺。正因为如此，一个重要的产业便产生了：造船。一些能工巧匠专门干起了制作木船的行当。这中间，又以竹泓镇的木船制造最为有名。毫不夸张地说，竹泓镇的能工巧匠们，硬是在叮叮咚咚的敲打中，将原本小小的木船，敲打成了一个颇具特色的支柱产业，让竹泓镇声名远播。

在我儿时的记忆里，家乡是没有正规的公路的，更遑论沥青路面的高速路矣。那时，我到村小上学，得过条河方能到校。在我们那帮孩童眼里，那可是挺大的一条河。"一条大河波浪宽，风吹稻花香两岸，我家就在岸上住……"郭兰英的歌声让我感到无比亲切，这与歌中的情境和我童年居住的环境极为相似，有着很大关系。多年之后，家门口的那条河成了我笔下的"香河"——一条文学之河。这条文学之河催生了我出了数百万字的小说、散文作品，为广大文学爱好者以及众多文学批评家所关注，并因此获得了一个"香河文学地理"的标签。

我当然描写过自家门口那条河和它的渡口。有渡口，通常都会有渡船。想来是因为爱好文学之缘故，一提及渡船，我的头脑中出现的，便是沈从文先生笔下的画面：

青山绿水间，那凭一根横跨溪流的缆绳串着的小木船，还有小木船上清秀可人的摆渡女子——小翠。

“哎——过河啰！”

山对面，溪水边，有人叫渡船了。小翠似山间清风一般，从山上小木屋里飘然而下，轻轻盈盈地上了船，伸出白嫩的双手，抓着缆绳往前拉，渡船在她的拉动下，离对岸便越来越近了。渡客多半对小翠颇熟悉，即使上年岁的，也熟悉她的爷爷。因而，渡客上得渡船，便不再让小翠拉渡绳，自我劳作一番，渡河后，还会丢下些山货。

你没见着，那串渡船的缆绳有多粗噢，谁见了都怕伤了小翠的手。可，山流时缓时急，山风时小时大，没那么粗的缆绳，串不起那木船，摆不起那渡。丢点山货，算不得什么，跟这渡口的爷孙俩不是一两天的交情。况且，有多少人想和小翠配鸳鸯，又有多少人想找小翠做儿媳，哪个也说不清。谁叫这湘西山水的秀气、灵气，都上了小翠姑娘的身呢！

与湘西山溪间的渡船相比，家乡河汊上的渡船，似乎过于平常了一些，分有人摆渡和没有人摆渡两种。有人摆渡的，摆渡人用船篙，抑或木桨。这样的渡口，一般通往外村外乡，来来往往的客流量大，再加之渡口也宽，没人摆渡不行。于是，公家便会安排专人，干起摆渡的营生。有时候，外来的渡客也会随手丢下几枚硬币，便上了船，过了河，继续赶路。挺便当的，花几分钱，乐意。当地人不会多此一举，他们知道，摆渡人是拿工分的，不白干。

这样一来，摆渡人除了拿工分，年终参与队上分红，也还能从这来来往往的渡客手中，得到补贴日常生活的开销。

摆渡，与种田相比，另有一番辛苦。风里雨里，炎夏寒冬，懒不得，闲不得。否则人家会骂的，自己良心上也过意不去。吃的不就是这碗饭吗，怎么能间断呢？不是说，百年修得同船渡吗？在摆渡人看来，和这些陌生人相遇、相识，实乃一种缘分。

另一种没有人摆渡的，叫无人渡船。这让现在的孩子听起来，极容易联想到“无人驾驶”，似乎挺先进的。若干年前的乡村，倒有了不用人力的渡船，自动化程度如此之高、如此之早，听闻者唯有惊呼：哇！超赞！

事实并非如此。在乡里长大的孩子，自然知晓这“无人渡船”，与“无人驾驶”，实乃风马牛不相及；与“自动化”，亦无半毛钱关系。

容我费些文字，作一番详述。“无人渡船”，之所以能发挥渡河作用，靠的是渡船两端拴着的渡绳。渡船两端钉有铁环，拴渡绳用。渡绳一头拴在渡船的铁环上，另一头则拴在岸上的木桩上，抑或临河的树干上。如此，渡船便与两岸建立起了相互的连接。渡河者，来到渡口，只需蹲下身来，从水中拽拉起渡绳，一把一把地往身边拽拉，随着身边渡绳愈堆愈多，渡船便离你愈来愈近，等渡船靠岸时，便可上船。之后，再蹲到渡船另一端，如法炮制。渡船便向对岸靠近，送你过河。

由这样的渡口过河，注意点有二：第一，拽拉渡绳时用力要均匀，用力过猛容易拉断渡绳；第二，所拉渡绳，堆放要有序，不能乱。一乱，你拽拉另一端渡绳时，堆着的渡绳便不能及时回放，亦容易断，给后来者造成不便。因而，细心的渡客，无论是上船还是下船，均把堆着的渡绳重新放回河水之中，以免绳乱。虽说麻烦点儿，但保证了渡船的顺畅，岂不是与人方便，与己方便？！

这种渡船，一到冬季恶劣天气，便添增了不少麻烦。西北风刮出刀子来，鹅毛大雪飞出针尖尖，此时渡河，拽拉渡绳的手，被冰冷的河水咬得生疼，那滋味，不好受。这是在我孩提时就有过的深刻体验。

我家门口的那个渡口，恰恰就是个“无人渡船”。我们三五个孩子每天上学下学是要拉两趟渡绳的。夏季，渡船是我们快乐的摇篮。三五个细猴头，剥光了身上的汗衫、裤头，一个个滑泥鳅似的，纵身入得水中，不时来几招得意的“狗爬式”，之后再随船浮水而行。碧清的河水抚摩着我，亲吻着我，好不惬意！这样的游戏，在整个夏季被我们重复着，不厌其烦，乐此不疲。

然而，再快活的夏季总是会被严酷寒冷的冬季取代。严冬里的渡口和渡船，便不怎么可爱了。上学下学的道变不了，还得渡了河才能去村小念书，还得渡了河才能回家。只有苦了自己的一双小手，在冰水里没拉上几把渡绳，牙齿咬得“咯吱咯吱”作响，小手便成了开水锅里的大虾。冻得实在扛不住，哭鼻子的时候也有。

还真应了人们常说的那句，办法总比困难多。风刀雪剑的天气，在我们三五个小孩子中间，催生出了一种全新的接小龙拽拉渡绳法。我们三五个小孩子接小龙似的，一个跟着一个，一同拽拉渡绳，一人长时间承受冰水撕咬之痛的强度，一下子被分解了。

等到那渡口上架起了水泥板大桥时，我家已经搬过河，住到村上来了。其时，一条乡路连着邻村我亲爱的外婆家。

那条乡路，在夏季便蜿蜒在绿茵茵的秧田里，蛙鼓阵阵。田野小径上，穿黑色布衣的外婆，拄着拐杖，挎着竹篮，蹒跚而行，神态很是安详。偶或有人问起，外婆会很乐意告诉人家，“到桂子家，看扣伙去”。桂子是我妈，扣伙便是我的乳名，外婆给起的，用意十分明了。

当外婆矮小的身影，从远方一点一点渐渐清晰时，我会兴奋得蹦跳起来：“婆奶奶来啰，婆奶奶来啰！”我们那里总把“外婆”喊成“婆奶奶”。让我改变这样的叫法，是离开家乡到外地读了几年书之后。

外婆来了，不只是我开心，我妈也开心。我知道，妈为外婆所生 9 个孩子中的老九，外婆很是疼爱她的。我妈当然很是孝顺，不在此处细述。外婆疼爱我，那就更不用说了。我妈 19 岁生我时，年纪尚轻，所以我出生没多久就被交给外婆了。外婆也曾告诉我，我是吮吸着外婆的乳头长大的，尽管外婆乳房里早没了奶水。

外婆来时，我妈也会逗趣她的细扣伙：“你这个小馋猫呀，又想着婆奶奶篮子里的‘想头’了吧？”

“想头”是我们当地人的说法，一般大人外出或走亲戚时，会带些糖果、玻璃球之类好吃好玩的，这些都被称作“想头”。外婆每次到我家来，都会给我带“想头”，不是吃的便是玩的，从未空过手。到我上学念书时，又多了连环画之类。虽不及现在的儿童绘本高级，但那脚踏风火轮的哪吒、一个筋斗十万八千里的孙悟空，让我看着过瘾得很呢！

行路难，在相当长的时段里，一直困扰着家乡人。直到20世纪80年代，我已经在县机关上班，跟随县里的领导从县城到稍远一些的乡镇，尽管乘坐的是当时称得上“先进”的小轮船，那也得花上半天工夫。那时候，县里领导在一年内要想走遍四五十个乡镇，几乎是不可能的。其时的兴化，在我看来，还真是偌大中国的一个缩影：地大物博，人口众多，以农业为主。如此一来，能让县领导亲临自己所在的乡镇检查指导工作，成了各乡镇负责人颇为荣耀的一件事情。

远距离的工作地点，县领导乘坐的是小轮船。近距离的工作地点，则是骑自行车。偶或有一两条砂石路，骑行时，顿感轻松了许多。这样的时候，领导便会和我边骑行边交谈。其时，自行车行驶的多半是圩堤，坑坑洼洼、颠颠簸簸，骑行时间久了，屁股被颠得生疼。这种时候，注意力全盯在路上，双手紧张地控制着自行车龙头，不敢有丝毫分神。因为，稍一松懈，车倒人翻，跌入沟渠的事，不是没有发生过。

当然，这样的事情并不曾发生在我和县领导身上。一些青年男女，借着郊游“谈朋友”，两人仅靠言语间你来我往，不足以表达内心情感，眼神交流自然跟进。于是乎，分神了不是？双双跌入水流汩汩的灌溉渠，俏鸳鸯变成了落汤鸡，那份尴尬就别提了。

我服务过的县领导，时常骑自行车下乡，在当地百姓心目中赢得了亲民的好口碑。

家乡路的变化，成了电影里的慢镜头。我至今都记得，第一次坐小汽车回香河村，为乡亲们围观的情形。那是我们举家搬离好多年之后，某一年春节的第二天，我和父亲、妻子一同回村上吃喜酒。

由兴化县城往我家祖居的香河村，小汽车在公路上，一路往北，让我有机会感受到了什么叫“风驰电掣”。车窗外阳光暖暖的，空旷的田野、挺拔的村树、青砖黛瓦的村舍，不时从车窗外闪过。偶或，有贴着大红“双喜”的花车驶过，路上三五成群的行人，说笑着前行，脸上透着喜气，显然是走亲访友的。老家有“正月里过年”之说，眼下才正月初二，年才开了个头。小车在平整而有弹性的沥青路面上疾速前行，我凝视着眼前熟悉而陌生的景象，思绪却渐行渐远。

一条大河，河上漂来一只小船。小船上是我和妻子吗？应该还有咿呀学语的女儿和一直为照料小家伙而辛劳着的母亲吧？

其时，只有我和妻子在城里，父母亲还住在老家。因为忙于单位里的事，女儿没过周岁就被送到乡下和爷爷奶奶在一起生活了。小家伙有一阵子见不到我们，就会和爷爷奶奶“闹”。她“闹”的手段单一得很：哭，或不乖巧地吃饭。女儿一“闹”，爷爷奶奶便会安排，不是送小家伙进城，就是让我和妻子回一趟乡下。

从城里回香河，抑或从香河往城里，如若只有我和妻子同行，多半走陆路，骑车而行，比水路费时要少。年轻时，总是脚步匆匆，赶时间的时候居多。

如若是爷爷奶奶送小家伙进城，抑或接小家伙回乡下，多半走水路，乘船而行。偶或，我和妻子也会相陪。只是我父亲极少同行，一来他那时还替公家做事，忙得很；二来家里三个妹妹，再加上喂养的鸡呀、猪啊之类禽畜，得有个大人在家里照应着。

水路的沿途，多与芦苇荡为伴。清澈的河水，水底生动有趣的世界清晰可见。丰盛的水草，水草间穿梭着成群成群的鱼啊、虾啊，那些鱼虾看上去颇为繁忙，究竟在“忙”些什么呢？说不上来。

“忙”的还不只是水中的鱼虾们，苇丛中成群的小鸟飞来飞去，叽叽喳喳地叫着，忙得似乎也挺开心。不时有“油端子”（一种野生水鸟的俗名，学名小鸊鷉，堪称潜水专家）从水底冒出来，在水面上拍打几下翅膀，看见有人便匆忙地钻入水中去。

这当口，要是母亲和年幼的女儿在，母亲便会指着从水底钻进钻出的“油端子”给女儿看：“乖乖，看噢看噢，细油端子！”此时的小家伙，自会开心得手舞足蹈，忘了多日不见对爸爸妈妈的想念，抑或刚刚和爸爸妈妈分别时的伤心。

“嘟嘟——”一阵汽车喇叭的鸣叫，把我的思绪从早年的水路唤回。

此番再回香河，是我春节前就谋划好了的。因为门上大伯的孙子正月初三结婚，这在他老人家看来是件大喜事。年前就托人带信，让我无论多忙，都要回去一趟，也好给大伯撑撑脸面。

家中老宅易主后，父母亲先是和我们一起在县城住了一阵子，之后又去了我工作的另一个城市生活，离开香河老家也有二十年了。这二十年间，没有一次春节是在老家度过的。正因为离开久了，想回去看看的念头，随着春节的临近，愈亦浓烈。

无奈，计划赶不上变化。原本我特意计划在初三大伯孙子喜庆的日子回香河，但因为需要接待从北京回乡的媒体同行，这个计划只好改变了。其时，担任着一个地区日报副总编的我，不为本职工作考虑，显然是不可能的，哪怕是在春节这样特别的日子里。

然，思前想后，老家那边也不能不去。和父亲一商量，只得提前先回香河。虽不能看到大伯孙子迎亲的喜庆场面，但回去一趟，自己看一看，与门上众多的长辈、平辈、晚辈，见一见面，表表心意，聊以自慰是其一；其二，也想当面跟大伯打个招呼，以示诚心和歉意。这才有了初二下午，我、妻子和父亲的三人行。

“到了，到了。”车窗外，欢快而热烈的叫喊声响起，一群大人小孩蜂拥而至，很快把小汽车围堵起来。

小汽车在大伯的二儿子家楼房前停下，明天其实就是他家小伙结婚。“香河”一带，儿子不叫儿子，叫“小伙”；姑娘也不叫姑娘，叫“丫头”。真是“各地各乡风，十里九不同”。

算起来，大伯家二儿子和我同岁，只不过他的生日比我早四天。正应了“大一天都得叫哥哥”这句俗语。因此，我得叫其二哥。听说，二哥这个小伙得来不易。其间二嫂怀过几个丫头，都让人领走了。人心都是肉长的，活生生的孩子，一个接一个被领走，做父母的自然也心有不舍。

我和妻子，还有父亲，依次下车，和门上一大家子人一一问候后，被引到二哥家客厅落座。照老家的规矩，二哥先给我们每人倒了一杯红糖茶。妻说不用如此客气，她和我喝一杯就行了。事实上，红糖茶只需喝一口，做个样子。二哥执意不肯，说是规矩礼数无论何时都不能少。因是多年不回，对门上叔、伯、弟、兄，我一一奉上节礼，对未成年的晚辈们则一一递上红包，钱多钱少倒在其次，图个喜庆。

二哥这些年在上海打工收入不错。他告诉我，楼房砌了有几年了，去年又花几十万在城里购置了一处门面房，是住家带开店的那种，说是为小伙媳妇准备的。

明天就是正日子，众多亲友要照应，上轿子船的礼要查点到位，二哥及其家人自然很忙。我便由三叔带着，沿着我笔下的“龙巷”逛了起来。

> 香河村真是小。巷子翻来覆去就这么一条：碎砖铺的，上了年岁了，早被踏得光亮的了。巷子左一弯，右一曲，弯弯曲曲，穿过整个村子。村里人叫它龙巷。
>
> 香河村，一村七个生产队，一百三四十户人家，靠龙巷两边住

定。家前屋后，栽上几棵杨树、柳树，间或，也会有几棵榆树、槐树、苦楝树。春来杨柳泛绿，浓阴覆盖，如烟似雾，整个村子全笼在绿阴里，成了个绿色的世界。

这是我在长篇小说《香河》里再现的老家的模样。

眼前，香河村“龙巷”虽在，但碎砖路面不见了，水泥路面自是平坦整洁；原本村树掩映的房舍不见了，像二哥家这样的二层小楼多起来。如今的乡村，也和城里一样，被钢筋混凝土包围了。虽说在正月里，乡亲们见了我都热情友善，可我还是看到了他们脸上的倦怠。他们当中绝大多数人在外打工，年前才回来的。一年的辛劳，换得几日回家的团聚，甚是不易。

在村上的小商店里，我给三叔买了两条烟、两包蜜枣。三叔自是高兴，这是节礼之外的一份。他提着东西，逢人便说是侄子给买的，那份骄傲和满足，是多少钱也买不来的。

漫逛中，夕阳西沉。金色的光线穿透“龙巷”，把整个香河村照射得一片金黄，给我无限的暖意。借着这光亮，我意外地发现“龙巷”上有了“香河西路”的路牌。我没细问，这路牌是何时挂上去的，想来跟我的长篇小说《香河》问世有关吧？看着这原本普通的一块路牌，我心头平添几许眷恋。

算起来，我的家乡是全省最后一个实现农村公路乡乡通的。虽然迟了些，但毕竟让家乡人出行不再有如“蜀道难”矣。一条条宽阔平坦的省道、国道，在水乡大地上纵横交错，有如一条条蛟龙在云水间腾飞，带给人们的是迅疾、便捷。坐在风驰电掣的轿车里，有时会感到跟老百姓间的距离似乎远了一些。偶或，也会怀念多年之前和当时的县领导骑自行车下乡的时光。

虽然再也没有过骑自行车下乡工作，但几年前我还是有了一次乘坐村干部摩托车，进村入户的工作经历。那是一次全市范围的大走访。

居机关办公室久矣，对于我将要走访的镇村和农户，虽说不上有多少情感，却也有着一份期待与关切。这片土地将会是怎样的样貌出现在我面前，我将会遇见什么样的村民？将会有哪些难题在等着我？

时在冬季，田野少了些许春的生机、夏的盎然、秋的饱满。因为新年元旦将至，沿途高层建筑物上挂上了迎新的条幅，以及商家的促销广告，鲜艳而吸人眼球。

经过近一小时的高速路车程，我和同事小周很快就来到了走访的村部。可能是我们要去的16组距离村部还有一段路，村支书安排了两名村组干部用摩托车护送我们。我并不熟练地抬腿跨上摩托车，那“突突”声一响，身后一股青烟飘出，摩托车便载着我驶向要走访的目的地。

这种行驶方式，于我而言已经是十五六年之前的事了。因此，在村部门口，我虽没有一点儿迟疑就跨上了车，但内心还是不由自主地“咚咚咚”敲起了小鼓。那种不适应，十分显然。

一直以来，我自认为是一个接地气的作家，同时也不是一个官气十足的部门负责人。我的长篇小说《香河》所描述的就是我脚下的这片土地，所塑造的人物就是生活在这片土地上的乡亲们，得到的好评与肯定一直温暖着我。

然而，当我重新坐上镇里一位同志的私家车，继续我们的走访时，我发现自己与老百姓间的距离还是远了。坐在摩托车后面，颠颠簸簸，起伏不定，吹着扑面而来的寒风，那种不适应，一下子就暴露出了自己身上的一些官气。“大走访”，给了我放下身上的“官气”，多接“地气”的机会。

于是，到16组后，我坚持不再用车，一家一户，串门交谈。在走访的村民家里，我摊开走访笔记本，写下2016年12月24日，这个原本极普通的日子。我知道，这一天，会因为“大走访”而深深印在我的心底。

半天的走访，时间是短暂的。我的内心情感是复杂变化的。两名村组干部对每家每户村民家庭情况的了如指掌，让我心生感动。当我坐在摩托车后面，随着老万载我前行时，我们就聊过。他曾经是一个村的支书，两个村合并后，降为“片长”，但他做事的那股认真劲儿没有变。从他憨厚的笑容里，我知道，他很是为自己拥有一份村情联络图而自豪。

我也会为家庭幸福、日子红火的村民而开怀大笑。走访中，碰到一位老奶奶，儿子和媳妇在城里工作，孙子在北京读研究生。老奶奶谈及自己的孙子，骄傲地告诉我：“在北京，读研呢……”话语里，透出满满的幸福。

尽管我非常希望就这么一直“开怀大笑”着，可有些村民的生活情形，还是会让我如鲠在喉。一位 81 岁的老人，因家中突发变故，儿子服刑坐牢，儿媳妇命丧黄泉，孙子常年流落在外，自己和老伴相依为命，身体不好，生活陷入困顿。见他时，他用那双苍老枯骨的手拉着我说，他们的衣服几乎都是从垃圾堆里捡来的。我的心被刺了一下。

想有所表示，“作秀”二字闪过脑海，让我停下了掏口袋的手。于是，我极其郑重地递上印有党徽的“党群连心卡”，告诉他老人家，这上面填有我的名字和我的联系电话，有什么困难随时可以打电话给我，我一定尽力再尽力。

我脚步沉沉地离开了老人的家。然而，老人家简陋破败的屋舍，老两口憔悴哀伤的面容，怎么也不能从我眼前抹去。

返程途中，我当即向有关部门反映了老人家的情况。很快，老两口被列为春节前的慰问对象，获得了崭新的棉被等慰问品。这寒冬里的温暖，既温暖着贫困老人，也温暖着像我这样的“走访者”。

走访后的第一个办公会，我便在本单位倡导捐款，为那贫困的老两口置办棉衣、棉鞋，希望老两口过一个暖暖心的春节。我把这一切安排好，尤其是给老两口的衣物，特别关照其他同事去送达。我的真实想法是，不希望老人家因为这个记住我，而是想让他们知道，这是地方党委的一项部署。在任何时候、任何情况下，老百姓，特别是困难百姓，都是装在我们心里的。

此话一出，究竟有多少底气呢？如今，我们工作和生活的方向被飞机、高铁控制着，早不见了那些泥泞的乡村土路。我们是否时常问一问自己，自己的双脚究竟还沾有多少泥土？

怎一个“荒”字了得

说来也怪，一个“荒”字跃入，在我脑海中出现的不是“荒凉”“荒蛮”之类的词，而是声名远播的北大荒。地处黑龙江嫩江流域、黑龙江谷地与三江平原的北大荒，有着“捏把黑土冒油花，插双筷子也发芽”之神奇，历经几代人的努力，如今早成了我国举足轻重的“北大仓”。

我的脑海出现“北大荒”的同时，还出现了一个“徐马荒”。说实话，这两者自然不能相提并论，我当然也没作这样的妄想。但这两者因一个“荒”字，同时在我脑海出现，确是事实。如果说有什么不妥，那可能是我潜在的私心所致。因为后者，是我老家的一处迷人的生态保护区。

位于兴化千垛镇西部的徐马荒，因归属徐官、圩岸、马港三个自然村而得名。至于名中的“荒”字，地方文史专家给出的解释颇能站得住脚。千垛镇西部，原有的行政区划为西郊镇。古人云：“城之近旁为郊。”西郊距兴化城一二十里，称“郊”自然贴切。古人又云：“郊之外叫作野，野之外叫作荒。”徐马荒地处西郊之西，距城更远了一些，从

“郊”“野”“荒”三字中，挑中一个“荒”字，足见生活在这片土地上的先人是何等自谦。

而徐官、马港村名的由来，则源于一则“徐官还乡马踏港”的民间传说。话说明朝年间，徐官庄后河，居一徐姓鳏夫，以扳罾谋生。某日得一喜讯，说其子延昭被皇帝赐封“保国公”，正亲率五百骑兵，往故地寻访亲父。

说起徐老爹的独子徐延昭，16岁应诏从军，跟随朱元璋打天下，战功显赫。如今功成名就，荣归故里，该轮到徐老爹结束风里来雨里去的扳罾生涯，跟着儿子享清福啰！

常言道：“福兮祸所伏，祸兮福所倚。”徐老爹当然知道这个道理。徐老爹心想，村民们嘴边常说的“宁叫庄上养头牛，不叫庄上出诸侯”，现如今，延昭儿被赐“保国公”，显然不是乡亲们欢迎之人。再加之，吾儿延昭秉性耿直，说不定哪天得罪了皇帝，那可是要株连九族的呀，到时候乡亲们不就跟着遭殃？唉！权当吾儿战死沙场，今生不见也罢！

一个扳罾的老渔夫，能深谋远虑至此，实属不易。

话说徐延昭喜气洋洋，率众随从还乡省亲，因河汊纵横、芦苇密布，旧路难觅，只好就地扎营，放马吃草，埋锅做饭，并四处打探。

徐老爹主意既然打定，只得强忍心中喜忧，拒不相见。老人家设法让乡民回话徐延昭，令尊已故。徐延昭闻讯，恸哭流涕，跪地朝着家的方向，三拜而回。

翌年，徐延昭果真因忠谏犯上问斩。因其故里无亲，故未问罪九族。乡亲们为纪念徐延昭父子功德，把徐延昭出生地改为“徐官庄”，把寻亲时放马停留处叫“马踏港”，并一直沿用至今。

徐马荒，其知名度似不及与之相邻，同属一镇的水上森林和千垛菜花。无论是“河有万湾多碧水，田无一垛不黄花”的千垛菜花景区，还是“杉在水上，鹭在林中”的李中水上森林公园，每年的阳春三月，都会吸引成千上万的游客，赏美景，品美食，来一番兴化水乡生态休闲游。

这些，的确是徐马荒无法与之比拟的。然，徐马荒与前二者风貌迥异，给来访者带来的，则是完全不一样的呈现。

十平方公里的范围，放眼望去，几乎只有一种植物：芦苇。我最近一次造访，时已至冬。乘坐着一艘小型机动船，行驶在交错的河汊间，尽管有冬日暖阳，仍有丝丝寒意袭来。然而，立于垛田上的芦苇，在寒风中“飒飒”作响，响成一片，响得热烈而近乎奔放。

金黄金黄的芦秆，金黄金黄的芦叶，还有其顶部灰白而膨松的芦花，枯败颓废之势全无。置身于这丛丛簇簇的芦苇中，并没有因其品种单一而让审美变得单调。相反，这种单一，给我们带来了观赏之纯粹。我惊奇，明明已经停止生长，此处的芦苇却依然拥有旺盛的生命力，让人完全感觉不到这是冬日里的芦苇。

放眼远眺，成垛成垛的金黄，纵横交错成一幅幅天然的油画，厚重饱满，绚烂辉煌。我亲眼见过春天里徐马荒芦苇的青翠欲滴。不错，蒌蒿满地芦芽短。春天里蓬勃生长着的芦苇，更具生机和活力。然而，我不得不说，初冬深秋时节的芦苇，纯粹的金黄，显得成熟大气、高贵厚重。这样的景象，似乎更适合年逾花甲的我，我喜欢。

当然，观景与观景者自身的心境有着必然联系。我此番来徐马荒，心情自然是愉悦的。陪曾三度有作品入选戛纳电影节的王超导演前来，带有“看外景”的意味。他是看中了我的一部中篇小说《谎媒》，认为可搬上银幕，成为一部好电影。他执导的电影《安阳婴儿》，我是看过的。你还别说，王导的电影风格，与我小说《谎媒》的叙事风格，还真有共通之处。而《谎媒》中所营造的环境，与眼前的徐马荒，毫不夸张地说，可以无缝对接。说实在的，之前，潇湘电影集团韩万峰导演执导、由我的长篇小说《香河》改编的同名电影，我一直为没有带韩导前来徐马荒取外景而心有遗憾。王超导演此次来访，于我算是一种慰藉。

机动船驶入河汊深处，芦苇丛中“噼噼啪啪”惊飞起一群群灰鹭、白鹭，还有在水面上扑棱着翅膀的绿头野鸭，“呱——呱——呱——”地叫着，冲向天空。一时间，我们的头顶上方，几股鸟的旋涡，在盘旋着，一会儿远去了，一会儿又旋回了，大有铺天盖地之势。

此时的徐马荒，一下子热闹起来。先前的寂静，瞬间被眼前的飞鸟们衔走了。显然，是我们几个不速之客，惊扰了人家往常的那份安静、那份悠闲。

圩岸村的邵茂同支书告诉我们，于徐马荒所在地过冬的鸟儿有百余种数万之众。眼前“芦荻摇曳，飞鸟翔集”之景象，让我等大饱眼福矣！然，我的内心还是滋生出些许不安。一直以来，我对“人类是大自然的主宰”之论断持保留态度。此时此地的徐马荒，鸟完完全全是这块自然湿地上的主人，我们几位同行者似有“入侵”之嫌。祈请鸟们原谅的是，我等既已打扰，只有允许我们完成此番探访才好。在此时，我期盼着“人”与“鸟”、“鸟”与“人”，来一个互谅互让。

置身于满目金黄的徐马荒，其别样的“荒”，不事雕饰，不刻意人为，完全是一种纯自然的呈现。这让我从心底为徐马荒庆幸，为地方执政者点赞。

曾经，我们为了多种粮食，试图让湖荡滩涂都变成“丰产方”；曾经，我们为了发展水产业，试图让湖荡河汊都变成“养渔场”。于是乎，突发“百年一遇”大洪水时，没有了滞洪区，没有了泄洪区，大量农田被淹，大量村庄被毁，颇具讽刺意味的是，小船划到了城市的马路中央。凡此种种，在我并不复杂的生命历程中，要么切身感受，要么亲身经历。毫无疑问，这些都是我们破坏自然生态带来的苦果。

终于有一天，保护生态，倡导人与自然和谐共处，被提到了前所未有的高度。这实乃时代之幸，芸芸众生之幸！

我不排斥花团锦簇、姹紫嫣红；我也不排斥精雕细刻、纤毫毕现；

我当然也不排斥像徐马荒这般，道法自然，和谐共生。

徐马荒，“荒”出的是宁静。距县城虽然仅几十分钟车程，却给人以“心远地自偏”之感受。此地，人烟稀少，苇叶飘忽，飞鸟啁啾，鸡犬之声相闻。徐马荒，“荒”出的是平和。此地，一切生物可谓是各行其道。垛田之芦苇，在风中摇曳。河汊里的鱼儿，在水底嬉游。更有那成群的绿头野鸭、灰鹭、白鹭之类，在天空中翱翔。徐马荒，“荒”出的是淳朴。远离现代文明的侵蚀，徐马荒人的日子过得朴实单纯，有如水洗过的那般洁净透亮。恪守生态保护理念的徐马荒人，没有去计算这块垛田上的投入与产出，没有去斤斤计较如毗邻的水上森林公园、千垛菜花景区可观的门票收入。

徐马荒，“荒”出了自己的气质和风格，“荒”出了自己的心胸和格局。

我的老家能有如此迷人的好去处，说来还得感谢地方上的区划调整。虽然，我曾在某篇文章中批评过过于频繁的区划调整，有如村妇锅里炒来炒去的米饼，翻来覆去，没个准头。不过，我得坦率承认，让徐马荒划归我老家，实在是件令人开心的事情。所幸的是，这件事，好像没有什么人不开心，因为没有人因区划调整而失去徐马荒。

徐马荒尚未划归我老家之前，我也曾带领过地方上的作家们来此搞过采风活动。一大帮在地方上喜好舞文弄墨者，走马观花，到此一游，好像也没有留下什么像样的文字。这一点上，与我家乡那位政声显赫的先贤范仲淹比起来，吾辈真的是要汗颜也。范公是在人未抵达的情况下，为友人写出了千古传颂之作，何需“走马观花”哉？

虽如此，想为徐马荒做点文章的心思，我倒是一直在动着。到泰州文联工作之后，我又组织过泰州书画名家徐马荒写生笔会，总算是对推动成立徐马荒书画院，起到了一点积极作用。

我喜欢徐马荒，喜欢其纵横的河汊，喜欢其交错的垛田，更喜欢其深秋初冬时节金黄的芦苇、灰白的芦花，还有成群的绿头野鸭，铺天盖地的白鹭、灰鹭。

说到底，我喜欢徐马荒的原始与自然，方圆十平方公里，放眼望去，没有一处人为的建筑。我在想，徐马荒还是以原始生态的样貌留在世人面前吧，千万别变成什么风景区。

我也很庆幸，王超导演想在徐马荒拍摄《谎媒》的动念，至今没能施行。毕竟，一个剧组的进入，人数众多，还少不了机械装备，远比我们三两人的造访，对徐马荒造成的伤害要大得多。如若因此而让原本繁茂的芦苇不能自由自在地生长，让成千上万的鸟儿们不得安宁，弃徐马荒远去，那可是罪莫大焉。

我之于徐马荒，之于徐马荒的芦苇们，之于徐马荒的鸟儿们，始终愿做一名访客——一名散淡的访客。

千岛湖与家乡垛田

一登上千岛湖的游艇，置身于碧波荡漾的千岛湖，观赏着湖中那一座座岛屿，我仿佛是回到了自己的故乡，荡舟于有千垛之称的垛田。而从千岛湖回来后，置身家乡的垛田，面对水上那一个个垛子，又恰似见到袖珍的千岛湖，有一种故友重逢之感。

“湖经洞庭阔，江入新安清。”读唐代诗人孟浩然的诗，脑海中便浮现出澄碧清澈的新安江，亦令我想起那新安江上游的千岛湖。位于浙江淳安、建德两县之间新安江上游的千岛湖，原是建新安江水库而形成的。湖中常见的岛屿只有几百之数，“千岛湖”之情境，需新安江水库水位很低时，方可呈现。原来这千岛湖，也有名不副实的时候。然，这并不影响游人们游湖观赏之兴致。

乘艇游于湖上，便可亲身感受一下千岛湖水特有的品性。这千岛湖水，不同于漓江水之悠静、丽江水之清纯、西湖水之妩媚。从千岛湖清澄的水中，领略到的是一种清新、一种和谐。游艇在湖中行驶，但见那星罗棋布的岛屿，好似漂浮在湖面一般，这岛向游艇靠近，那岛又远离了。游艇穿行于一座座岛屿之间，交错而曲折，扑朔而迷离。然而，谁也无法确定，或许在游艇绕过一座青青的岛屿之后，湖面会一下子开阔起来。难怪有人感慨道：“水回几讶船无路，山开又见一重天。”

说起来，家乡垛田与千岛湖还真的挺相似。与千岛湖湖面为一座座岛屿所阻隔相仿佛，家乡垛田，那原本颇为开阔的水面，为一垛垛长满作物的土垛所阻隔，形成了沟汊纵横、河道交错的独特地貌——“垛田地貌”。荡一叶小舟穿行其间，眼前的七沟八汊、曲折蜿蜒，让人如入迷魂之阵。

正是在这垛田上，留下了郑板桥先生人生最初的足印，这里是先生的出生地。这里的得胜湖、旗杆荡，因岳飞抗金时操练水兵竖立旗杆而得名。《兴化县志》载：“飞率军……途经兴化时，曾驻师县城及城东旗杆荡等处。”而车路河与得胜湖的入口处，其名“水浒港”，不由得人们不联想到先贤施耐庵的《水浒传》。据说，施耐庵就是受垛田的启发，《水浒传》里才有了水泊梁山。“三十六垛八卦阵”之传说，由来久矣！

与我有兄弟情谊的本土作家刘春龙就曾写过一首《三十六垛上》，歌词如下：

一条条小河哟，流过三十六个垛，哪一个垛上住着我哥哥，水绕垛来垛恋水，哎呀我的哥哥呀，你可曾猜出妹的愁？

一声声渔歌哟，飘过三十六个垛，哪一条船上住着我哥哥，鱼水相欢情谊长，哎呀我的哥哥呀，你可曾听懂妹的歌？

一阵阵秋风哟，吹过三十六个垛，哪一片湖上住着我哥哥，天下月亮水里望，哎呀我的哥哥呀，你可曾知道妹想哥？

歌中盛满了水意，盛满了相思，听得人心神荡漾，情思飞扬。此歌一经传唱，便风靡水乡，被誉为“垛田新民歌”。

细心的读者朋友也许会问:《三十六垛上》的词曲作者署名中，并不见“刘春龙”，是何故？这是他使用了“隐身术”。此歌词第一作者虞嘉梓，乃“渔家子”之谐音，实乃刘春龙是也。读过他有关乡村捕钓的散文后，你便会知道，刘春龙是个地地道道的渔家子。

只不过，他的这首《三十六垛上》，并不是专门为垛田而写的歌，而是他在创作那部重要的长篇小说《垛上》时的副产品，乃为小说创作之需而作。

小说尚未出版，其中的歌词就已被谱成曲在当地传唱至火的程度，可谓意外之喜。当然，对于垛田而言，有了一部《垛上》也是颇具意义的。

将千岛湖与家乡垛田放在一起进行比较，那还是我年轻时的想法。坦率地说，那时千岛湖名气要比家乡垛田名气大得多。时至今日，家乡垛田在地方党委政府精心打造下，知名度、美誉度有了质的跃升，垛田拥有了“世界双遗产”桂冠。油菜花开的时节，垛田又有了“全球四大花海”之美誉。

李白说，烟花三月下扬州。我要说，阳春三月看兴化。确切地说，就是看我家乡的垛田！那漂浮于水上的一垛垛金黄，是那么耀眼、那么炫目、那么醉人心魄。

“眼前的一大片又一大片的菜花，一垛又一垛的漂浮在水中的田，它既是水淋淋的，又是沉甸甸的，既空灵飘逸，又厚重沉稳。”著名作家范小青，多次到过我的家乡，她对垛田菜花的自然景观赞誉有加。

“举目四望，前后左右满是菜花、菜花、菜花！在阳光的映照下，眩目的金黄、金黄、金黄！蝴蝶翩跹，蜜蜂嗡吟，一阵阵浓烈的菜花香气，像酒一样醉人，我也确像醉了酒似的萌生着一些睡意了。”家乡垛田的菜花，在散文名家忆明珠笔下，变得眩目而浓烈。

不止于此，还有与之毗邻的水上森林，同样吸引游人眼球——

“水杉参天，树梢益鸟欢聚，沟内鱼儿跳跃，林内一片生机。这里是野生动物的天堂，野鸭、白鹭、黑杜鹃、草鹦鹉、山喜鹊、猫头鹰等在此筑巢生息。林中鸟平时有 3 万多只，最多时有 6 万多只。黄昏时分，百鸟归巢，遮天蔽日，景象蔚为壮观。”第一次来我家乡水上森林采风的广西作家喻红，就有了如此细致生动的描绘。

无论是“河有万湾多碧水，田无一垛不黄花”的千垛菜花景区，还是“杉在水上，鹭在林中”的李中水上森林公园，每年的阳春三月，都会吸引成千上万的游客，赏美景，品美食，来一次兴化水乡生态休闲游。

这时节的千垛景区，用“游人如织”都不足以描绘其生动火热的情境。一拨接一拨的游人，有如潮水一般，涌入景区，他们为漂浮于水上的菜花而惊叹！他们为飞翔在翠绿林间的白鹭而感怀！他们更为眼前的自然生态而陶醉！真可谓金花盛开，游人如潮。

距千垛景区不远处，便是大名鼎鼎的东罗村，不仅有着“中国最美村镇”之美誉，而且还有一个颇具诗意的名字——碧水东罗。这可是 2017 年江苏省委、省政府启动特色田园乡村建设试点工作，首批 45 个试点村之一。

东罗村大礼堂，最吸引人眼球的，是大礼堂正面上方的红五星，以及下方的太阳光芒和红五星两侧相对应的三面红旗。这样的雕刻，一下子就把人带入了那个火红的年代。大礼堂是由当年的老庙改建而成，最早建于 1953 年。大礼堂内部集报告厅、多媒体功能厅、百姓大舞台为一体，室内装有灯光音响和中央空调等设备。这里成了举办村民大讲堂、地方文化表演、村民聚会的重要场所。

由青砖小瓦建成的仿古建筑是村史博物馆，总面积 160 平方米，它也有一个诗意之名——东罗秋实。村史博物馆外墙，由小青砖镂空叠砌而成，很是别致。屋顶的玻璃天窗，大大增加了整个馆的室内采光。值得一说的是，整个村史馆，在建筑过程中没有使用一根铁钉，采用古代建筑中榫卯相连的一种建筑手法，让村史馆更显古朴之气。草垛、茅屋、蓑衣；农具、耕种、垂钓者，这样的场景，让人可以随时融入东罗曾经的历史，让观光客瞬间变成了寻梦人。

东罗广场，那可是东罗人气最旺的所在。广场舞、太极拳以及其他各种民间表演应有尽有。一天劳作之后的东罗人，都愿意在广场上展示出提振精气神的另一面。那么，就来吧！彩灯亮起来，锣鼓敲起来，秧歌唱起来，广场舞跳起来，龙狮舞起来……

碧水东罗，蜿蜒的河水，孕育出一方灵秀。鱼、虾、蟹、蚬子、螺蛳、河蚌，淡水产品丰富；菱角、茭白、河藕、慈菇、荸荠，各色水生的美食盛产。鲜活的东罗味道，定然会唤醒你的味蕾，让它在你的记忆深处深藏。不止于此，当你置身于东罗返乡青年们醉心打造的民宿——“耘朵”，推开临河的窗，眺望田野上慢慢消散的晨雾，迎一轮初升的朝阳，定然会为你留下一份沾满泥土的乡情。

在宣传文化部门工作了几十年，接待海内外文化名人，特别是作家、诗人不在少数。这当中给我留下最深印象的当数贾平凹先生。

那时的贾平凹，在文坛的影响力，完全够得上一个词——“如日中天”。平日里，因为喜欢动动笔的缘故，我有意无意间读过贾平凹先生的一些作品，从《满月儿》到《腊月·正月》，从《心迹》到《商州》系列，从《浮躁》到《废都》……在我的心目中，贾平凹先生是位不仅汲取了大山之灵气，更汲取了古今之灵气的高产作家。

贾平凹先生是从邻近的汪曾祺老先生的家乡——高邮而来兴化的，一路风尘，到兴化已是傍晚时分。我和文联的同志在贾平凹先生下榻的兴化宾馆迎候。一辆白色轿车驶入宾馆区，有人说了声：“来啦！”我赶紧出门，同行者中有时任《美文》常务副主编的宋丛敏先生和我的老师、青年文学评论家费振钟。

费老师上前给我介绍：“这位是贾平凹老师。”我赶忙伸出手去，把贾老师迎进宾馆。说实在的，见到贾平凹先生，正应了“人不可貌相”这句俗语。要不是费老师介绍，我根本不会相信，眼前这位身材偏矮、肤色偏黑、相貌平常的中年人，会是写出一部又一部才气横溢大著的大作家。然而，很快我就注意到了他那双浓眉下深邃的大眼睛。接着，我又看到了他手夹香烟、托腮沉思的熟悉姿势，这个场景我在一些书刊上已经不止一次地见到过。没错，这正是作家贾平凹。

农历四月的兴化水乡，柳絮如雪，微风轻拂，偶或，有几行稀疏的细雨，滋生出些许淡淡的诗意。在这样的季节里，接待一个文人倒是蛮相宜的。

翌日上午，我们安排贾平凹先生一行，参观兴化市文博中心和郑板桥故居。文博中心是为了纪念郑板桥诞辰300周年于1993年建成的。贾平凹先生很是为一个县级市能花800多万元建设6000多平方米的文博中心而感到高兴；在参观了中心内的兴化历代名人馆后，又为兴化这样一个小地方，竟出了刘熙载、宗臣、施耐庵、郑板桥、李鱓等众多历史文化名人而赞叹。他欣然提笔写下了“难得糊涂人，得大自在文”，赠给文博中心。文博中心，现已更名为兴化市博物馆。

那次接待贾平凹先生，为让他领略我家乡的垛田风光，特意安排了一种叫“水上飞”的快艇，让他这个山里娃亲身体会一下乘船游于水上的感觉。我给这一行程起了一个很好的名字：观千垛秀色。

闻得著名作家贾平凹在垛田参观，一批又一批崇拜者纷纷赶来，带着《坐佛》《废都》《白夜》等贾氏著作，请贾平凹签名、题词，弄得我们都深感歉意。然而，贾平凹先生却丝毫没有一点名人架子，总是有求必应，一一满足。

就在快离开垛田时，又来了一批要签名、题词的，贾平凹先生只好借助轿车的车头，伏在车上一一满足了崇拜者的愿望。当来访者满意而归时，贾平凹先生才抹了抹额头上的汗珠子，点上一根烟。我跟贾平凹先生开玩笑："贾老师在兴化过了一个名副其实的劳动节。"贾平凹先生用地道的陕西话应道："没啥，没啥。"

那天的确切时间是：1996 年 5 月 1 日。

关于垛田菜花，此时我可以自豪地说一句：当年我们请贾平凹先生领略观光的，完全够得上"原汁原味"四个字。在那时的垛田，"水上飞"载着贾平凹先生，飞速行于碧波之上。快艇劈波斩浪，恰似水上飞。贾平凹先生聚精会神地观看着两岸水乡景色，一处处村庄被抛在身后，一垛垛漂浮水上的菜花垛子闪过一旁。

踏足垛田，登楼远眺，领略了"三十六垛八卦阵"的原始风貌，眺望那错落有致、金光灿灿的油菜花垛和那纵横交错、变幻莫测的河汉后，贾平凹先生不禁感叹：施耐庵能写出神秘的水泊梁山，能写出"浪里白条"这样栩栩如生的水上人物，不足怪也，不足怪也。

此生有味在故里

在吾邑先贤中，他应该是个特殊的存在。用世俗的眼光衡量，他的官位算不得大——县处级。要说起官位来，在吾邑先贤中，够得上国家级的，就有好几位。不说五朝元老、内阁首辅高谷，单说状元宰相李春芳，堪称官品、人品、文品俱佳。他在家乡为老母亲修建金銮宝殿（因遭奸人告状，而改为东岳庙，一时香火颇盛）的故事，在兴化那可是无人不知，无人不晓，传为美谈。

换一个维度，论财富，我要说的这位先贤，那更是不值一提。他干了十几年县官，离任时，都没有一辆属于自己的坐骑，三头毛驴一车书，便是其全部家当。他倒不觉寒酸，豪言赋诗：

> 乌纱掷去不为官，
> 囊橐萧萧两袖寒。
> 写取一枝清瘦竹，
> 秋风江上作渔竿。

不错，他就是“扬州八怪”代表人物、诗书画有“三绝”之誉的郑板桥。毫无疑问，他是一位杰出的艺术家。尽管他的绘画是属于民间的，不像他亲家李鱓是朝廷给薪酬的宫廷画师。他也不像刘熙载，刘熙载是专门做学问的。有“东方黑格尔”之称的刘熙载，一部《艺概》，那可是继刘勰《文心雕龙》之后，又一文艺理论之经典，影响深远。

然，郑板桥在吾邑先贤中，是独一无二的，且不可取代。

衙斋卧听萧萧竹，
疑似民间疾苦声。
些小吾曹州县吏，
一枝一叶总关情。

这首原题为《潍县署中画竹呈年伯包大中丞括》的墨竹图题诗，传颂久矣，成了当下廉政、勤政教育的活教材；乱石铺街的“六分半书”，追随者众，“难得糊涂”“吃亏是福”之匾额，随处可见；竹石图、兰草图，更是漂洋过海，风靡国外市场，经久不衰；最是他的诗词楹联，不仅为众多专家学者所推崇，更是为广大文学爱好者所追捧，吸粉无数。

我曾撰文推介过先生的《板桥道情》，也曾被相关部门邀约解读《板桥家书》。现在，我却想向读者朋友介绍板桥先生笔下的家乡美食。

家酿亦已熟，
呼僮倨盎盆。
小妇便为客，
红袖对金樽。

此为板桥先生《冬日》诗中收尾四句。诗中的“家酿”，便是指兴化米甜酒。诗句明白晓畅，只需告知读者朋友的是，此处“小妇”为专指，乃先生钟爱的娇妻饶五娘。

说起这饶五娘得以许配板桥先生，那可不是才子配佳人这般浪漫，颇不寻常。二人相识时，饶五娘年方满十七，板桥先生已四十有三，且尚未中进士，用板桥先生自己的话说，“一介寒士”。你别看这饶五娘年轻，文学品位可不低。她对板桥先生的诗词十分喜爱，尤其是对《道情十首》，喜爱到了痴迷的程度。

在钟情于自己的少女面前，经历丧妻之痛的板桥先生应允了饶五娘母女的请求，答应京城考中进士之后便来府上迎娶。哪知半途杀出个程咬金，当地一富商愿出700两黄金，买饶五娘为妾。此时，板桥先生居京城已经3年，而饶氏母女靠典当度日，日子过得十分艰难。

在巨额金钱面前，这饶氏母女有情有义，用与“郑公有约”退回了富商的彩礼。此后，幸得江西商人程羽宸相助，先送给饶氏母女500两黄金做聘资。翌年，在板桥先生迎娶饶五娘时，又相赠500两黄金为聘礼。程老板所为何来？与饶五娘缘由仿佛，他也是郑板桥先生的铁杆儿粉丝。

先生轶事就此打住，容我回到兴化米甜酒上来。国人之于酒，说形影不离，似不为过。祭祀、敬神、拜祖先离不开酒，探亲访友离不开酒，过年过节离不开酒，逢有喜事亲友聚会，同样离不开酒。总之一句话，酒已深度融入国人生活之日常，称得上是一种重要的调节。

正如人们所了解的，酒的主要原料是：麦子、高粱、稻谷，凡此等等。因所用原料不同，以及所用酿造工艺不同，又可酿造出白酒、红酒等品质不同的酒。而我的家乡兴化一带，用糯米等原料酿制的米甜酒，极为常见。在我小时候的印象里，临近春节，时常有挑担子的在乡间城里，边行走边吆喝：“米甜酒卖哟——酒药子卖哟——”这米甜酒不用解释，“酒药子”所谓何物，容稍后介绍。

说出来也许你会不信，这在兴化遍地叫卖的米甜酒，最早却不是兴化人创造的。说是一百多年前，山东邹县的邹氏家族，经江苏邳县辗转到了水乡兴化。兴化大片大片的水荡资源，丰产的水稻、大小麦等粮食资源，让邹氏族人大喜过望。于是，邹氏家族在此落户生根，重新做起了在山东时从事的行当——酿酒，在兴化城区开设了一家槽坊。他们把山东的酿酒技术带到了兴化，利用当地优质大麦、糯米等原料，酿造起了白酒和米甜酒。

据《兴化县志》记载，清末民初，泰和、肖懋、邹记等酿酒槽坊，所酿造的“佛手曲”“元啤酒”“米甜酒”，深受百姓喜爱。这当中，邹氏所酿兴化米甜酒，不仅成了文人墨客雅集时席间饮品，而且走进了寻常百姓家，成了百姓欢聚时饮用之佳酿。

如前文所录，大名鼎鼎的郑板桥，也曾喜不自禁，为兴化米甜酒写下了赞美之诗章。

其时的兴化，更有“十里一槽坊，过年家爱酿。沽酒不出庄，无钱可赊账”之说。20 世纪 30 年代初，兴化城内有槽坊 20 多家，经过近 10 年的发展，发展到 70 多家。20 世纪 80 年代，兴化在江苏省率先组建“江苏难得集团”，其旗下的“板桥酿酒有限公司”具备了年产米甜酒 5000 吨的生产能力。2003 年，邹氏后裔、兴化米甜酒第五代传人邹贻争，在板桥酿酒有限公司改制过程中，通过竞标一举将该企业收购至自己名下，并创立了兴化米甜酒新的品牌——“难得佳酿”。

兴化米甜酒的加工酿造，选取糯米是头道工序。其所用糯米，均为里下河地区所产之晚糯稻。这种晚糯稻，杂质少，品质纯，黏性好，出酒率高。

之后便是浸泡、蒸煮。糯米的浸泡，主要是掌握好时间。如果浸泡时间不足，米粒就得不到充分舒展，这将不利于后续的蒸煮。相反，如果浸泡时间过长，米粒会变得容易碎粉化，这样在蒸煮后就无法达到粒粒松软的效果。有经验的师傅知道，当糯米浸泡之后，其重量增加二至三成即可进行蒸煮。蒸煮时，要掌握好火候和温度，这两个因素决定着糯米饭的软硬度和黏稠度，当然也关系到后道发酵之效果。

加“曲”是整个工序中的一个转折点。糯米饭，加入了“曲”，才能进入“发酵”程序，质的变化由此产生。当然，加“曲”前，必须将蒸煮到位的糯米饭用凉水淋过，促其充分冷却降温。“曲”，也叫“酒曲”，当地俗称“酒药子”。

发酵是一个等候的过程。俗语有云：“心急吃不得热豆腐。”酒缸中，加了“曲”的糯米饭，一般在 48 小时之后，便开始发酵了。一周之后，需将酒缸加盖密封，让发酵继续。一个月过后，糯米饭中的高分子糖，此时已转化为氨基酸，发酵完成。至此，可以进行最后一道工序：榨酒。将封存在酒缸中“培养”过百日的糯米饭，取出压榨，此时便有香甜的“米酒”从管道流淌而出，那香甜的气息，直令人口角生津、味蕾跳动，不能不来个“近水楼台先得月”，尝个鲜。全然忘记了，这酒还需要放入酒罐中贮藏、沉淀矣！

作宦山东十二年，
不知溪上青鱼鲜，
今朝尝得君家味，
一只鱼圆值万钱。

郑板桥先生在诗作中点明了他赞誉的美食：鱼圆。我要进一步告诉读者朋友的是，板桥先生诗作中的“鱼圆”，不是其他地方的鱼圆，是沙沟大鱼圆。这首诗，是板桥先生当年在沙沟桂家庄坐馆时写下的，可见当时先生对沙沟大鱼圆是十分地认可。

据传，沙沟大鱼圆能有如此之响的名头，跟康熙皇帝有关。那是三百多年前3月的一天，沙沟巡检司官员奉命迎驾第4次南巡的康熙皇帝。在为康熙皇帝准备的菜肴中，就有一道方腊子菜馆加工的沙沟大鱼圆。

这沙沟大鱼圆，外皮微黄似金，内肉雪白如银，让康熙皇帝胃口大开，一连吃了好几个。品尝之后，原本十分挑剔的康熙皇帝，竟然喜形于色，对大鱼圆赞不绝口。至此，沙沟大鱼圆，名头愈益响亮，被皇家列为御宴必备之贡品。不止于此，一批兴化名厨应召入宫，摇身成了皇家御厨。值得一提的是，在康熙七十大寿的"万寿节"晚宴上，赴宴者逾千人，沙沟大鱼圆更是从众多精之又精的菜品中脱颖而出，赢得了满堂彩。

沙沟大鱼圆所需原料以当地湖泊之中所产白丝鱼、青鱼、草鲲三类鱼为主。制作当然讲究。将所选之活鱼宰杀、洗净，剔除鱼皮、鱼骨、鱼刺，取其精肉，置于砧板上，人工刮而取蓉。

上得餐桌的沙沟大鱼圆是否正宗，主要有三看：一看鱼圆漂在汤碗里是不是滴溜儿圆；二看鱼圆夹在筷子上是不是呈椭圆；三看鱼圆盛到碟子内是不是变扁圆。食客如果能看到鱼圆的三种形体变化，则说明其所食鱼圆柔韧、鲜嫩，与沙沟大鱼圆品质完全一致。再辅观其个头是否匀称、色泽是否微黄、肉色是否雪白，便能完完全全做出一个正确之判定也。

烹制沙沟大鱼圆，需用上等高汤，配以笋片、木耳、蘑菇、慈姑片之类辅料，做成一道"蔬烩鱼圆"，定然是汤汁鲜，鱼圆嫩，辅料脆，令人垂涎，不忍丢箸。

"古镇应该给写过它的人颁发奖章。用不起金，也用不起银，要用就用一颗沙沟大鱼圆吧。请不要说我不敬，其实你说了我也不承认——古镇最能够拿出手的是大鱼圆，最好吃的也是大鱼圆。如果不用大鱼圆做奖章，似乎说不过去。事实上，根本也不需要比赛，论鱼圆之美味，沙沟鱼圆天下第一。或者，是并列第一。只是那并列第一的到今天还没有出现呢。沙沟鱼姓的多（应该是沙沟的原住民），会做鱼圆的多，还有，湖里的鱼太多了。刚刚出锅的在青花瓷盆中颤动不已的大鱼圆啊，如枇杷一样新鲜！”

这是曾在兴化沙沟一所中学教过几年书、与我有同乡同校之谊的作家庞余亮，在他《沙沟古镇的秘密生活》一文中，对沙沟大鱼圆的叙述。不难看出，他对沙沟大鱼圆是何等推崇。

有一年，在我主持策划的一次全国性文学研讨会期间，就曾邀请几十位来自全国多地的作家、评论家、教授、学者同游沙沟古镇，当街品尝过刚出锅的大鱼圆。油锅里漂浮着的鱼圆，在店家漏勺的搅动之下，变戏法似的，渐渐膨胀起来，最终似一只只乒乓球，雪白而滚圆，挤满一锅。热气腾腾的鱼圆甫一出锅，那股鲜香扑鼻而来。深深吸口气，才知道什么叫“沁人心脾”。好家伙，一群原本斯文高雅之人，价都不询，用鱼旁备着的牙签，挑起大鱼圆，张口就咬，烫得嘴里咝咝的，也不肯停下。一群人大快朵颐之后，有人意欲付账，哪知店家知道了大伙儿身份，笑笑说：“请你们远道而来的贵客吃几个鱼圆，那还是请得起的，不用付账！要是你们觉得好，动动你们的生花妙笔，在你们的文章里带上一笔，那就万分感谢啦！你们写了也不掉价儿，央视的《舌尖上的中国》，还专门来拍摄过呢！”店家此番话一出，满脸之得意。

半湾活水千江月，
一粒沉沙万斛珠。

此副楹联，板桥先生赞美的是家乡一种美食的原产地——中堡庄，亦称“中庄”。如果你觉得板桥先生的楹联有点文绉绉的，那就请你看看我的同乡，在中堡生活过的，当代著名作家毕飞宇是怎么描写中堡的吧——

> 中堡镇几乎就是一个哑铃，前后，也就是南北各有一个圆圆的湖，南面的叫吴公湖，北面的叫大纵湖。两个湖就如同两只大水缸，所有路过中堡的水都要在这里“淀”一下，这么一“淀”，好了，中堡的水又清又甜。

确如古今两位名家所描写，中堡古镇，河港纵横，湖面开阔，水资源十分丰富。其特有的湖泊资源，便是中堡湖和大纵湖，有如两颗晶莹的珍珠，镶嵌在古镇南北两侧。这便为淡水蟹的生长繁殖提供了得天独厚的自然条件。值得一提的是，中堡湖盛产一种青壳、白脐的中华绒螯蟹。中庄醉蟹，则是由这种蟹精加工而成。其中，被视为正宗者，乃是具有六百多年历史的“童德大”牌中庄醉蟹。

据说，中庄醉蟹当年能远赴南洋（新加坡）参加国际物赛会，并获得赛会一等奖，由此名声大振，在南洋打开了一片新天地，得感谢一位名叫张謇的实业家。张謇，南通人氏。他持实业救国之理念，让家乡南通得以长足发展。“一个人与一座城”的佳话，为人们广为传颂。不止于此，习近平总书记视察南通时就曾称张謇为“中国民营企业家的先贤和楷模”。

张謇将中庄醉蟹带至南洋国际物赛会，是一百多年前的清光绪年间。时任通商大臣的张謇，对“童德大”牌中庄醉蟹，可谓是情有独钟。他一次次品尝，总是意犹未尽，赞不绝口。中庄醉蟹味道的醇美、肉质的鲜嫩，让张謇很是感叹：此真乃人间美味！

于是乎，他毫不犹豫地将“童德大”第16代传人童庆墀所制作的中庄醉蟹，带到了南洋，参加国际物赛会。那些生平从来没有见过中庄醉蟹的各国通商产业大臣，面对这种来自古老东方的特别物产充满了好奇，品尝之后，味蕾得到极大满足，纷纷伸出大拇指，赞不绝口：“Good! Good! ”一个个显得异常兴奋。

第一次参加南洋国际物赛会就夺得金奖，让中庄醉蟹不仅在南洋引起轰动，而且在其原产地兴化及周边地区也是声名大振。至此，中庄醉蟹通往东南亚国家的销路一举打开，国内销量更是大幅增长。中庄醉蟹，在淮扬菜系中不可或缺，在亲友往来中同样不可或缺。

数百年的传承，“童德大”牌中庄醉蟹，有了制作流程和操作工序的更高追求。选好蟹，成为制作中庄醉蟹的重中之重。道理不言自明。基于此，中庄醉蟹一律选用中堡湖水域所产中华绒螯蟹。蟹的体量须匀称，大不得，也小不得，每斤四只；所选之蟹，须为青壳，白团脐，且八爪二螯齐全。置于手掌之中，一定“张牙舞爪”，充满活力。

即便是这样的蟹，选定之后，还需要用竹篾篓装好，再放回中堡湖水质清净、流速适宜的水域“簖养”一月左右，以清除其体内污浊之物。之后便是“干搁”，将竹篾篓底部铺上一层新鲜的干稻草，任蟹在其内吐故纳新。一周之后，如听不到蟹吐泡沫的声音了，便可转入下道工序——“刮毛”。给蟹来个个体形象大出新，将其爪、螯上的绒毛全部去除。注意，不可让蟹损伤至残，残蟹，一定要在醉蟹时弃之。

醉制乃整个工序中最核心的程序。醉制的缸，在一周前，就得装入糯米酒、精盐、川椒等配料，配料按严格配比调制而成。提前一周入缸，目的是让配料在缸中相互渗透，充分融合。值得注意的是，这配料中容不得一滴水。否则醉蟹的口感就差了，所谓“差之毫厘，谬以千里”是也。

这之后，才轮到螃蟹投缸。毫无疑问，投缸之蟹，一定称得上“横行霸道”，活脱脱“一介武夫”，仅是“活”蟹是不够格的。

螃蟹投缸醉制，有几个时间点一定要掌握好。一般在两周之后，开缸翻蟹，将所醉之蟹逐一翻身，原本团脐朝下的，全部翻而朝上，再封缸口醉制两周。这样四周过后，便可开缸装瓶或装罐。

整个醉蟹加工制作，是严格按照节令进行的。重阳节后选蟹，其时在霜降前后，经过簖养、干搁、刮毛、配料等工序，这中间便经过了大雪、冬至、小寒、大寒，再经过四周的醉制，色、香、甜、咸、嫩俱佳的醉蟹，春节前便可上市。人们春节的餐桌上，就多了一道美味。

新春佳节，走亲访友，人们品尝着甜而不腻、脆嫩爽口的中庄醉蟹，不免会对“童德大”的传人们心生敬意。一代代“童德大”传人的潜心研究，不断探索，化成了如今人们餐桌上一道独特的美味。

“童德大”到现在已传到了第十九代。第十九代传人童玉不负祖望，研制推出了自己的新品牌：“正童”牌。相信童玉所创立的“正童”牌中庄醉蟹，定会传承祖辈荣耀，飘洋过海，香飘五洲。

香飘马驮沙

数仞翠微钟，
山门竹影重。
已无他别障，
唯见一孤峰。

马驮沙给了家乡人一种心理上的慰藉。这慰藉，源于一座山峰。明代诗人王稺登在其诗作之中，称之为“孤峰”。

与众多名山峻岭之巍峨挺拔不同，孤山偏偏以其小而独立于长江北岸。孤山的山体，高不过六十六米，周遭不足两千米，犹如一精致盆景置于长江北岸，堪可把玩掌中。这样一座小山，如若置于巍巍昆仑、连绵天山、高耸珠穆朗玛峰之前，似乎只是一块石而已。但它的确是一座山，一座完整的山。更为难能可贵的是，在江北数百里的地域内，仅此一座。正应了那句，物以稀为贵。

家乡人对其的看重显而易见。于是乎，山上有了绿树浓荫，有了奇花异草，有了寺院庙宇，有了楼阁牌坊，有了关于孤山的美丽传说。

斗转星移，大浪淘沙。四百多年来，孤山不断修炼，成了长江北岸的游览胜地。历代文人墨客纷纷将其美景描绘于诗文之中，林林总总，竟有数百篇之众。至于寻常百姓登山观景者，更是无以数计。显然，孤山不孤，孤山并未因其小而被轻视。

今天，登孤山，入正见寺，仍能观赏到四百多年前的石刻。浮雕石刻位于寺内大雄宝殿的后墙，质地为花岗岩，高一米有余。石刻图案分三行两列排布，虽有所风化，但依旧可辨。石刻中，一匹骏马和一头奔牛在江风涛浪中奔驰，姿态昂扬，动感十足。在缠绕如意映衬下的仙鹤，灵动鲜活、栩栩如生。这组石刻，所呈现的便是“马驮沙”之传说。

经过时间的洗礼，孤山与冲积平原连接成陆，不仅塑造出了靖江的土地，也孕育出了这一土地上独具特色的丰富物产。

白马驮细沙，
小城依长江。
如画风景里，
始得芋芳香。

此乃一位靖江籍作家为家乡的芋头所写的广告词。靖江的芋头，正规名称为香沙芋。这种表皮深褐、肉质乳白的芋头，质地细腻、干香可口，具有独特的板栗香味，素有“芋中板栗”之美誉。

著名作家黄蓓佳就曾在靖江品尝过这种香沙芋，一尝便难以忘记：“席间上了一盘当地土产——芋头烧肉。芋头质量极高，粉糯香甜，而且入口奇香，上桌不到片刻，芋头片甲不留，盘中孤零零地剩下一堆红烧肉。凭良心说，肉也烧得很到功夫，起码要超出一般水平，只是芋头太好吃了，弄得满桌鱼肉都没了滋味。”

香沙芋之粉，之奇香，与其生长的自然环境有关。靖江处于北亚热带季风气候区，气候湿润，雨量充沛，具有明显的海洋性、季风性和过渡性气候特点。在香沙芋生长时节，雨量充沛，平均温差大，利于其特有品质的形成。2012 年 5 月，香沙芋有了一道特有的光环：全国农产品地理标志。

食用香沙芋方法颇多，煮、蒸、煨、烤、烧、炒、烩，皆可。最常见的做法，是把香沙芋煮熟（或蒸熟）后蘸糖吃。此吃法，最为家常。我的老家也产芋头，只不过不是香沙芋。老家的芋头，也有个好听的名字，叫龙香芋。龙香芋，与香沙芋的“粉”稍有不同，“糯”是其一大特色。清煮之后蘸糖吃（也有蘸少许细盐的），别有一番风味。

香沙芋烧肉，便是黄蓓佳女士笔下所呈现的情形，既是一道家常菜，亦可款待登门之客。需要友情提醒的是，香沙芋含淀粉较多，一次不可多食，多食有滞气之弊，为孩童所不宜。

轻轻提，
慢慢移，
先开窗，
后喝汤。

此乃食用靖江蟹黄汤包之诀窍，在靖江地区流传自然广泛，可谓是妇孺皆知。

靖江蟹黄汤包，不用介绍其美食特点，单从品名便会让人垂涎。然而，尽管这道美食美味无比，如果不能掌握上述食用诀窍，确实难以吃得顺当。更确切地说，很难优雅地食用。从古至今，因吃这蟹黄汤包，不知闹出了多少笑话，留下了多少笑谈，成为人们茶余饭后的谈资。这当中，乾隆吃汤包出洋相，值得一说。

乾隆南巡经过扬州，当时的靖江知县马兆鳌得到消息后，便通过在扬州当知府的姐夫，让乾隆转至靖江再下江南。在其他人看来几乎是不可能的事，居然让这个马知县给办成了。无怪乎人们常言，朝中无人莫做官。明眼人都知道，乾隆能改道靖江，并非马知县之功，是他在扬州当知府的姐夫发挥了关键性作用。

据说，乾隆改道靖江第一站是停留在孤山临时驿馆。当晚，马知县请乾隆品尝了靖江特产——芦场港的螃蟹。乾隆品尝着肉质细嫩、八爪如玉的芦场港蟹，很快被其鲜美的味道、特有的爪色所打动，兴致盎然地御赐此蟹为“玉爪蟹”，列为贡品。乾隆的这一赐封，让马知县好不得意。

可哪知道，第二天早晨，马知县请乾隆皇帝品尝靖江更为有名的蟹黄汤包时，却让乾隆出了洋相。那蟹黄汤包端上桌来，热气升腾之中，弥漫着浓浓的蟹香。再看那蒸笼中的汤包，一只只雪白晶莹、皮薄如纸、吹弹可破，撩人食欲。

古人有云：“食色性也。”乾隆面对如此美食，大现本性。他随手抓起一只汤包，张口就咬。汤包中那滚烫的汤汁，烫得他嘴里直“嗬嗬”地吹气，咽下去又觉得烫，弃之又不舍。让他更为尴尬的是，身为皇帝的他刚一下口时，就有一股汤汁喷溅到了龙袖上。

这一喷，让陪在一旁的马知县吓出一身冷汗。马知县战战兢兢，只有等着挨训。让马知县意想不到的是，乾隆皇帝竟然没训斥马知县，还将龙袖上的汤汁直接吮吸了。那知他一抬龙袖，汤汁竟然甩到了自己的后背上。

这蟹黄汤包，实在是太好吃了。乾隆全然不顾窘境频现，极有滋味地品尝着汤包，其背上的汤汁，似乎根本不存在。

当然，从乾隆事后并未给那道让他难以忘怀的美食御封这一点来看，我们可以推测，他当时心中或许有些不悦。否则，既然他都赐予芦场港的蟹以封号，为何偏偏不赐予那味道远超芦场港蟹的蟹黄汤包呢？

如此味美的蟹黄汤包，据说源于对三国时期鲁肃大将口令的“误读”。这让靖江蟹黄汤包的诞生，既有了一定偶然性，又增添了几许传奇色彩。

相传有一年秋天，孙权携夫人来到了马驮沙，一边领略江北大好河山，一边为自己挑选两匹好马。身为最高统帅，孙权自然是想去哪儿就去哪儿。这让当地负责接驾的官员发愁啊。拿什么样的特色菜肴招待最高统帅呢？地方官员绞尽脑汁也没有找到确定的方案。于是，便向前来“打前站”的鲁肃求助。鲁肃见膳房里面粉挺多，又见户外散养着一大群鸡，联想到孙夫人平时喜饮鸡汤、爱吃包子，于是对地方官下达了一道四字令：“鸡汤”“包子”。

地方官没细问，如获至宝赶快向厨房传达：“鸡汤包子。”厨房里的师傅们一听，顿时傻了眼：这鸡汤包子，谁见过呢？不要说没见过，听也没听说过。

厨房师傅中有位名叫汤二的老厨子，想了一会儿，说是可以试试。这汤二虽说做馒头、包子有三十多个年头了，做“鸡汤包子”，还是大姑娘上花轿——头一回。

为了能做出让孙权夫妇满意的“鸡汤包子”，原本还在户外嬉戏的鸡们可倒了大霉了。汤二宰鸡，宰到了近乎疯狂。他一口气宰了 20 多只鸡，煨了浓浓的两大锅鸡汤。

这鸡汤鲜美无比，可就是包不成包子。汤二无法，只得再煨。煨过再看，还是稀，无法成馅儿。为求浓稠之汤，汤二只得继续宰鸡，将鸡肉剁成末加入汤中。眼看还是不行，虽是秋凉天，汤二却急得豆大的汗珠直滚。

就在汤二无计可施之际，他发现了厨房间存有的蟹肉和剁好的肉末。于是，不管三七二十一，一股脑儿全倒进了鸡汤中。汤二不停地搅拌鸡汤，指望着奇迹的出现。说来，这秋凉天还真帮了汤二的忙。几经搅拌之后，汤锅里竟有了胶体。馅儿终于成了。有了馅儿，包包子之于汤二，当然是小菜一碟。很快，鸡汤包子便新鲜出笼了。

经过一夜的折腾，汤二已是饥饿难耐。他从笼中抓起两个包子，狼吞虎咽地吞了下去。由于包子刚出锅，烫得他龇牙咧嘴，但他已顾不了那么多，只想着赶紧填饱肚子。一旁帮厨的发现，吞咽了鸡汤包子的汤二，瞬间傻了。

这下，弄得一帮帮厨的成了“丈二和尚”，不知道这“鸡汤包子”是成了还是砸了。看着汤二傻劲儿渐退，整个脸乐成了一朵花，人们知道，汤二的鸡汤包子成啦！从此，靖江地方上多了个说法：“汤二吃汤包——傻了！”

不用说，这鲜嫩别致的鸡汤包子，一定让孙权夫妇大快朵颐。靖江从此多了一道风味美食：蟹黄汤包。

汤包，讲究的是“汤”。现在靖江蟹黄汤包的汤是用去了肥膘的猪皮、猪棒骨和老母鸡，再加葱、姜、料酒等多种配料，按一定程序煨炖，最终形成胶体状的汤料，供后续制作汤包使用。有了胶体，还不能做出美味蟹黄汤包，需要在胶体里再添加新鲜的鸡肉末、蟹肉末、蟹黄等，方能制成够格的馅儿。

当然，这包汤包的皮儿，亦十分地讲究。讲究到什么程度呢？八个字：薄透如纸、吹弹可破。

擀这种皮儿绝对是件技术活儿。用这样的皮儿包包子，装馅儿是个技术活儿。一只小小的汤包，在包制过程中不能少于 30 个折皱，而且要细巧均匀、美观好看。包子的封口剂头要小，收口要紧，决不能有一丝裂缝。唯如此，蒸出的汤包才会味美、形美，既赏心悦目，又美味可口。

2014 年，我的导演友人韩万峰自编自导了一部影片《恋爱　美食　蟹黄包》，将靖江蟹黄汤包搬上了银幕。这道美食，也曾被我策划登上过央视舞台。2007 年，我主持策划了一台“欢乐中国行”大型演唱会。在“欢乐体验”环节，我和央视导演商量，让当时的外景主持人张蕾到靖江汤包代表性传承人陈士荣老先生店里当学徒。演唱会现场，将张蕾体验生活的 VCR 现场播放，引发一阵阵欢笑。她的笨拙，与师傅、师兄技艺之精湛，构成了妙趣横生的笑点。张蕾见状，不得不亲口对观众们坦言：要想品尝地道的靖江蟹黄汤包，只有不远千里，来到靖江啰！

> 《辞海》的“靖江”条中，最后说靖江特产有猪肉脯，这其实是不公允的。到了靖江才知道，靖江有许多远比肉脯好吃得多的特产。所不同的是，肉脯可远销各地，而其他的一些美味，你则必须到了靖江才能尝到。

这是著名学者王彬彬就“靖江”词条所发表的个人看法。初看，似乎语锋直指当地的一道美食：猪肉脯。

作为当地人，我要说的一句是，靖江肉脯与靖江其他美食相较，则有着完全不一样的风味。作为一个非遗产品，其在品牌打造、市场开拓方面，值得点赞之处颇多。

说起靖江“双鱼”肉脯的诞生，源于一则颇具神秘色彩的传说。

事情发生在 20 世纪二三十年代，有三个广东青年从广东来到上海创业。三个年轻人，满腔热情，义结金兰，利用他们从民间传统“香脯”制作中所传承的工艺，创办了三友美味食品厂，从事猪肉脯的加工生产。由于肉脯生产所需的猪肉都是从外地运入上海，加工生产原料得不到很好的保障，再加之运输成本高，因而，三友美味食品厂的经营状况并不理想。

1936 年，为避战乱，三个年轻人决定离开上海，另寻发展之路。传说，当他们乘坐着木船沿江而行至靖江江面时，竟有两条鲤鱼突然从江水中跃起，跳进了船头。三个正为不知该落户何处而发愁的年轻人，眼前顿时一亮，认为这是个吉兆。他们一边将在船头内活蹦乱跳的鲤鱼放生，一边向艄公打听附近是什么地方。当他们得知木船所处位置属靖江地界时，于是决定落户靖江，并将其肉脯产品定名为“双鱼”牌。

三个年轻人，脸上的愁云一扫而光，他们从内心非常感激那一对凌空跃起的鲤鱼，不仅为他们选择了重新创业发展之地，而且为他们带来了产品的名称，真是大吉大利。这是他们离开上海时怎么也想不到的。

也许是老天的暗示和眷顾，他们的三友美味食品厂越办越红火，一举成为了靖江富有特色的地方企业。而“双鱼”牌肉脯更是声名远扬，不仅受到当地百姓的喜爱，而且走出靖江，畅销大江南北，赢得了诸如“国家质量金奖”等诸多荣誉。

当然个人的命运、企业的命运，都是和国家的命运紧密联系在一起的。三友美味食品厂自 1936 年落户靖江以来，形成了一条具有鲜明时代烙印的发展轨迹。1956 年，该厂实行了“公私合营”；1966 年后更名为靖江县向阳食品厂；1979 年，随着全省食品系统的“三统一”改革，该厂上挂并改名为江苏省食品公司靖江食品厂；到了 2003 年，企业进行了改制，成为靖江双鱼食品有限公司。至此，“双鱼”赢来了“海阔天高”的发展机遇。

据相关专业人士介绍，靖江“双鱼”牌肉脯传承了明代“香脯”的制作工艺，汲取了唐代“赤明香”肉脯的长处，形成了自己产品“轻薄干香，殷红浮脆”的特色。

传统的肉脯制作，凭的是师傅们一双双技艺高超、灵活多变的手，凭的是师傅们手中一柄柄锋利无比、游刃有余的刀。那取自猪后腿特殊部位的精肉，在师傅们的操作下，变成了一片片薄而欲透的肉片，配以数十种作料，经过特殊工艺烘烤，便有色、香、味、形俱佳的肉脯。

现在，“双鱼”牌肉脯的加工制作，打上了鲜明的现代企业烙印。设备化生产代替了早先的手工工艺。从原料检测、分割整理到肉块切片、配料拌料，从脱水处理、成品烘烤到成品切片、修剪包装全部都是借助仪器、机器来完成的。在这所有的工序中，唯有“摊筛”这道工序最为考验师傅的技艺。摊筛时要求无眼无缝，四周齐整，肉片间交叉得当。

传承悠久、风味独特的靖江“双鱼”牌肉脯，已连续多年稳居全国销售冠军，现已成为靖江一张颇具影响力的“城市名片”。

只是不知道，在如此快速的产业化发展下，现在的靖江“双鱼”牌肉脯，还是从明“香脯”、唐“赤明香”传承下来的呢？那些原本纯手工的制作工艺，为现代化的机器设备取代之后，那一份古老、那一份醇厚，还在吗？

第三辑

幽思漫诉

无心却向梦中见

有多少年没见您了？或许您心里记着呢，我是记不清了，回答不上来。

这一次见面怎么让我感到这么突然？见面之前，没有得到一丁点儿信息，更不用说有谁预先告诉我了。

是每逢佳节之缘故？于壬寅虎年的第二天见到您，于我是突然之中的惊喜。虽然才过去一天，见您时，您和您的外孙说了些什么，做了些什么，我竟印象全无了。

是您年过花甲的外孙，也有些老糊涂了吗？好像不是。跟您比起来，外孙实在是太年轻，根本谈不上老，又何来老糊涂呢？

前一天的相见，是确确实实的。因为，和您在那河边的小屋内相见的情形，十分真切。尽管，您早就不在那座小屋里生活了。而那座小屋，于尘世间，也早不存在矣！

外祖母啊！在我生命最初的岁月里，我离不了的一个人就是您。您是我的生命之源！一个让我倍感温暖的人！

曾经，河水潺潺，穿村而过。河边生长着榆树、杨树、柳树，千姿百态，参差错落。绿树掩映之中，村舍沿河而筑。这样的情形之于我，则是童话世界。在这样的童话世界中，主角不是什么童话仙子，而是您——我的外祖母。现如今，这样的童话世界，只能出现在我的梦里。梦境里的童话世界，多了一处小小的“宫殿”——那村落的河边的小屋。

那是家乡人称为“丁头府儿”的小屋。不论屋檐多么低矮、不论土坯的墙体多么寻常，亦不论稻草盖的屋顶是多么简陋、不论整个屋体多么狭小，它都是您的外孙心中儿时的宫殿。伸手便能触及的屋檐，会让您的小外孙气宇轩昂；缕缕炊烟从钻墙而出的烟囱飘出，会让您的小外孙置身梦幻；就连小屋顶头开设的那扇门，在您的小外孙眼里都是那么特别，有着童话般的浪漫。敞着的那扇门，看似一览无余，您的小外孙也总会无端觉得，有许多看不见的精灵借此藏身。今年央视春晚上，韩红演唱了《这世界那么多人》：“这世界有那么多人，人群里，敞着一扇门……这世界有那么多人，多幸运，我有个我们。”这歌声，让我瞬间想到了您的小屋，想到了生活在小屋里的我们。“多幸运，我有个我们。”这不正是我想对您说的吗？亲爱的外祖母？

小屋坐北朝南。屋前有一小块平坦的空地，颇具魔力。每日里，您和小外孙都有温馨和精彩瞬间在此上演。再往南，一处生长着众多杂树的小树林，亦显神秘。林间有众多小鸟常栖，更有夏日里热闹的蝉鸣：“知了——知了——”还有那林间弯弯的小路，同样的神秘。它送您的小外孙出村，送他走向外面的世界。

屋后的小河边生长着一片芦苇。碧绿的苇叶、肥大的苇秆，每天都经受着河水的洗礼。紧挨着的是一处水桩码头，在您的小外孙想来，它不仅是供人浆洗之用，月光洒满水面的时候，那些隐身小精灵的童话剧，便会在码头上演。

生活在这间小宫殿里的外祖母啊，您虽一人独居，日子却过得一如屋后的小河，舒缓平静。日复一日，年复一年。

在某个夜晚，您老人家碰翻了床头柜上的油灯，一把大火烧毁了小小的宫殿。被毛竹“哔哔剥剥”爆裂的声音，还有那映红了半边天的熊熊火光惊醒的舅舅们，在小屋前看到了一只烧焦的门框。门框上赫然悬着一把小锁，孤傲地悬着，近乎恶毒。

您在烧毁的门框下被发现时，整个人已蜷缩成一团。

此番您患小恙，在母亲照料下已渐康复。谁承想就在母亲离开的当晚，竟有意外发生。众多舅舅当中的一员，当晚在照料过您之后，临离开时在小屋的门上加了一把小锁。

其后很长一段时间，我的脑海里总是出现您在大火中爬行的画面。然而，爬行至门口的您，却被门外的一把小锁要了性命。事实上，我的无端想象，在母亲那里得到了证实。赶到火灾现场的母亲，搂着自己的母亲，哭得死去活来。她发现了您开裂的指甲。我的母亲，心在滴血。

平日里就曾听母亲说过，我是您带大的。母亲生我时，还年轻，才十九岁。身为婴儿的我，身子软乎乎的。因为母亲不敢给我穿衣、洗澡等，加上奶水又不足，所以她直接把我交给了您。您也曾告诉过我，多少个夜晚，小外孙是吮吸着您的乳头度过的，尽管早吸不出奶水。又有多少个夜晚，您是焐着小外孙尿湿的被褥入睡的。第二天一早，您还会笑眯眯地对小外孙说，乖乖隆的咚，差点儿没把你婆奶奶给冲走啰！所幸的是，这样的时刻，只有您和小外孙二人在场，小外孙再羞愧，也不用钻地缝。

婆奶奶为外祖母之俗称，婆爹爹则是外祖父的俗称。当地人都这么叫。知道婆奶奶、婆爹爹的书面语——外祖母、外祖父，是我进城读了几年书之后。

童话世界瞬间破灭，我欲哭无泪。外祖母，您幻化成了黑色天仙，飞翔在外孙的梦境。这梦境的源头，是您老人家在日常生活中总是一身黑衣的身影——黑褂子、灰裤子、黑布鞋。通常，您还会在头上顶着一块花纹素净的头巾，一身装扮显得干净利落，这些都深深地烙印在外孙的心中。

您的外孙自然忘不了，一到夏天，您必干一件活儿："吃麻纱"。在小屋的树荫下，您从身边水盆里拿出麻皮，放在腿上，用手指剔开，然后一缕接一缕，手指在接头处轻轻一捻，几乎是同时将捻好的麻丝在嘴边"吃"过，原本一缕一缕的麻丝便神奇地成了麻线。随后，这些麻线被您整齐地堆放在身旁的小扁子里。

"吃"好的麻线，还得绕成一个一个的团儿。您不仅"吃"的技术好，绕团儿也很有一手。您绕出的团儿，个头儿一般大，上秤盘一称，几两一个团，其他不用再称，数数个数，斤两就出来了。这在织布师傅那儿应验过好多回，堪称精准。不止于此，您绕的团儿还是空心的。那细细的丝线，要绕成空心确实不易，这让我深刻体会到了"一丝不苟"的含义。小外孙从您口中得知，刚"吃"好的麻纱绕成空心易于晾干。

"那不会放到太阳底下晒吗？"小外孙觉得您这样做太为难自己。您一听小外孙的话就笑了："呆扣伙，麻纱娇得很，一晒就脆，一脆就断，就织不成布啰。"小外孙似乎听懂了您的话，但终究没看明白您嘴里的"名堂"。

"扣伙"之称谓，为我之乳名，乃是您的赐予。一个"扣"字，您的心思尽现。不止于此，您还说服了自己的胞妹，将胞妹的外孙女说给小外孙，订了一门亲上加亲的娃娃亲。这门亲事的结果，自然是可以预见的。小外孙从您的"丁头府儿"走出去之后，便在一封家书中给那位没见过几次面的姨表妹送上了一句"黄金万两容易得，知心一个也难求"，为这门娃娃亲画上了句号。

您为小外孙的婚事，还是做过一番切实的盘算的。您之所以整个夏天都用来"吃麻纱"，织夏布，给自己和小外孙家做夏布蚊帐是一方面，给自己和我母亲做夏布褂子是另一方面。更为重要的是，您想为小外孙预备下上好的夏布，将来好做婚床上的夏布蚊帐。那几匹夏布，确实存在过。母亲说，是您亲自送到我家门上的。

我当然记得，再度与您在一起生活，是自己十一岁时到邻村读五年级的那段时光。其时，村上只有三个人读五年级，够不成一个班，只得到邻村去。正巧，您那座小屋位于外孙要去学校的途中。这样一来，小外孙就不用天天回家，可以住在您那里。平日里，省去了好多乡路，碰到刮风下雨，自然少受风吹雨淋之苦。

对于小外孙的入住，您很是高兴，说："总算有人和我说说话啰！"尽管您生有五男四女，除了五舅夭折，其他 8 个子女长大成人后，都各自独立成家了，有的还不在本地。小外孙去了，您多了个伴儿，也多了个小帮手，自然开心！

夏天里，我最喜欢和您一起下地浇水、除草。您的自留地上，要浇水、除草的作物可多啦，刚栽下的山芋苗和才割过的韭菜啦，以及茄秧子、辣椒秧子啦，凡此等等。浇水、除草之类的活儿干完之后，当然也会有我的"想头"——摘黄瓜。

我呢，顶喜欢爬到外祖父坟上浇黄瓜，顺手摘根黄瓜。用手掐去尚未脱落的瓜花，在衣袖上搓搓，洗都不洗，张嘴就是一口。那略带青涩且清脆的口感，于咀嚼之中滋生出的淡淡甜味，一下子抓住了我的味蕾。

看着小外孙那个馋样儿，您笑了："慢点嚼，别噎着。没人跟你抢，小馋猫！"

有时候，我爬到外祖父坟头上浇水，动静弄得大了些，吓得您赶紧喊："扣伙，快下来，别把你婆爹爹的坟踩漏了，刮风下雨你婆爹爹会遭雨淋的！"我不懂坟还有漏一说。毕竟，我才十来岁。

"婆奶奶，婆爹爹死了多少年了？我怎么没见过？"我停住手里的活计问。

“呆扣伙哟，你哪能见到他呢，你刚出世，婆爹爹就饿死啦。”您说得轻描淡写。我曾听说，外祖父饥饿难耐时，曾放下身段到自己亲家觅食。当拄着拐杖的外祖父捧着一碗米汤被送至门外之后，门内飘出了油炒饭诱人的香味。这香味，成了一把杀人刀!

明白是怎么一回事的外祖父，怒火中烧，他像一头暴怒的狮子般吼道：“你们这帮猪狗不如的东西！”门被撞开，米汤碗瞬间碎了一地。“咣”的一声，碎了外祖父手中的碗，炸开了他体内的肺。其后没多久，外祖父便离开了人世。

“这是你老舅的坟。多好的孩子，算盘打得好着呢，画个花呀鸟呀，可像啦，心灵手巧。连病带饿，成了个少年亡。和你婆爹爹一块死了。唉，命薄啊！”您自言自语着，又浇起水来。

我不大晓得命是什么东西。然而，您的一番话告诉了我，外祖父和老舅在我出生的那年就去世了。我能看到的，只有他们的坟。后来，我又曾问过您，我妈排行老几？您说是老九，最小。您不仅养了这么多孩子，而且青年时期还走江南闯江江地讨生活，那些日子就像在黄连和苦胆中煎熬一般。听说，在往江南逃荒的路上，还丢了个姨娘给人家当童养媳。

如今，日子比从前好了许多，有了些甜味儿。您有时也会叹气，说：“把他们一个一个养大了，燕子似的，翅膀一硬，便飞了，落得我一个人守在小茅屋里啰。”

这当口，我便丢下手中的作业，来到您跟前，说：“婆奶奶，不是还有我吗？我就和您住一块，老不走，老不走。”

“是啊，是啊，要不是我家扣伙，婆奶奶连个说话的人都没有呢！”您搂着心爱的小外孙，轻抚着。望着渐渐西沉的夕阳，紧锁着的眉头便舒展了开来。

和您住在一起，去上学前，小外孙都会跟您说一声：“婆奶奶，我上学去啦。”您有时在小屋里忙自己的事，在里边应一声：“去吧，一放学就家来呀。”

有时会走出小屋，帮小外孙整整书包、理理衣角，问一问上学用的东西带齐了没有，并叮嘱道：“去吧，好好学字！”在您看来，上学就是学字。

有时放学回来，人没到，小树林那头便会传来小外孙的叫喊：“婆奶奶，我放学啦。”立在小屋门口的您，真如童话里的人物一般，开心地张开双臂，迎接小精灵的归来：“我家大学生家来啦，快快，有好吃的等着你这个小馋猫呢。”

这时，您便会从锅里端出焐着的蛋茶。喝着放了红糖的蛋茶，甜津津的，直甜到心尖尖上。咬着滑嫩的鸡蛋，那个幸福劲儿，瞬间涌遍全身。这样的待遇并不常有，因为您只喂养了一只芦花母鸡，宝贝得很。芦花母鸡生的蛋，平日里多半送到村上代销店里，换些日常用的火柴、盐、酱油之类，您老人家轻易舍不得吃。

可是，为了您的宝贝小外孙，您竟然亲手杀了如此宝贝的芦花母鸡。

“唉，烫得这个样子，回去就这么几天，怎么就……”您粗糙宽大的手抚摩着我的额头，还想说什么，见父母亲守在一边脸色很慌，便掩饰着不再多言了。

我是得了一种叫伤寒的病而住进县城顶大的医院里的。父母亲着急得不行，尽管医生已经告诉他俩，孩子的病没什么危险。可他俩还是紧张得坐立不安，非要您赶过来。从老家到县城要走几十里乡路，您是旧时裹了小脚的，再加之上了年岁，从乡下赶来的不易，是可以想见的。

只见您从竹篮子里端出一只“二郎盆”，递给母亲说：“桂子（母亲的乳名），快把这盆鸡汤热一下，给扣伙吃点儿。”

“妈，你把芦花鸡宰啦！”母亲疑惑地问。

“问这做啥，还不快热了来。”您冲着母亲直摇手。

我躺在病床上，听得明白，鼻子一酸，眼泪在眼窝里打转。婆奶奶呀，您疼爱外孙，把唯一的摇钱树给砍啦！我心里头直打颤。

“疼吗，乖扣伙，婆奶奶来看你、陪你，别怕。”您坐到床头，轻轻地抚摩着我的手、我的头。此时此刻，我多想喊出来啊，可连续几天高烧，烧焦了我的嘴唇，烧哑了我的喉咙。我有许多许多的话，要对您说，可半句也说不出来。

我只得把您的手放在我脸上来回搓摩，您似乎看出我的心思，宽慰我说：“好扣伙，值得的，开春又有新鸡苗子了，到时候，婆奶奶多养几只。”

我使劲儿点点头，泪水滴落在您粗糙的大手上。

正如前文所言，当我也像城里孩子那样把婆奶奶喊作外祖母时，是我离开您那矮小的茅屋，到外地读了一年书以后的事情了。

我清晰地记得，当我怀揣录取通知书，登上汽车，即将离开母亲、离开您的时候，眼里似乎钻进了毛毛虫，刺刺的、酸酸的。这是我长到十七八岁，平生第一次出远门，还要独立在外地生活。父亲帮我顺行李，他是要送我到学校的。母亲早哭得泪人儿似的，唯有您在劝母亲：“桂子，哭什么，扣伙争气，考上学校是件喜庆的事，哭什么啦。他这日子是定好的，就像嫁闺女一样，改不得的，留不得的。”

在母亲的哭声中，汽车发动了，我伸长脖子朝车窗外的您和母亲挥手。猛地，我发现您眼角亦已湿润了。我鼻子一酸，泪水止不住地流下来。

我做梦也没想到，这竟成了与您的诀别！

校园生活是丰富而充实的，然而我还是常常想起老家，想起您——我慈祥的外祖母。有时，在在街上，老远看到一个穿黑衣裳的老奶奶，总要把眼前的她跟我脑海中的您比较一番。有几回，我竟误认了。人家满脸疑惑地回过头，我才不好意思地走开。每每读着家信，眼前便会浮现出那熟识的乡路，那穿一身黑衣裳，挎着竹篮子，手扶树干做拐杖的熟悉身影，正颤颤巍巍地朝我走来……

然而，当我在外地念完一学期书，高高兴兴准备回家过年，和日思夜想的外祖母团聚时，迎接我的，竟是晴天霹雳！

我跨入家门的头一件事，母亲噙着泪，给我戴上了白布孝帽。父亲在家神柜前点燃了一沓纸钱说："孩子，给你婆奶奶磕个头吧！"

"什么？你们说什么？"我不敢相信自己的耳朵。"你婆奶奶过世啦！"父亲一字一顿地告诉我。这凭空一声惊雷，一下子震得我灵魂出窍，魂不附体。瘫倒在地上的我，失声痛哭："婆奶奶，我要见婆奶奶——"

"婆奶奶，您上哪儿去？带我去吧！"

外祖母还是如往常一样，穿一身黑衣裳，挎一只半新的竹篮子，蹒跚地从我身边走过，一句话没说。我拼命地喊您，叫您，拽您的衣角。怎么，难道不是我日夜思念的外祖母吗？难道不是疼我爱我的外祖母吗？"婆奶奶，您怎么啦？啊，带我去吧！"

当我翻身坐在床沿上，神情恍惚地望着从窗外投射进来的淡淡月光时，这才意识到，刚才是梦。凉月孤无言，唯有泪千行。

外祖母啊，您像许许多多的人那样，默默地来到人世上，又默默地离开了这个世界，一切都无声无息。您的辞世，结束了您有如收获时漏掉一粒麦子一样不会惹人注意的一生。可在我这里，却是收获时节遇到了天大的灾难。

静谧的夜，静得连院墙角缝隙里无名昆虫的鸣叫都变得异常刺耳。独坐悲至亲，墙角草虫鸣。我慢慢站起身来，踱着步。月亮渐渐西去了。长河渐落晓星沉，碧海青天夜夜心。忽然，一颗流星从我眼前飞逝。"又是什么人死啦。"我心里想。您曾说过，地上少了一个人，天上就会多出一颗星。在您的认知里，这流星是人，从地上飞到天上去的。我抬头在天上寻找着，希望能找到您在天空的位置。找着找着，耳旁有歌声响起——

“夜空中最亮的星，请指引我靠近你。夜空中最亮的星，是否知道，曾与我同行的身影，如今在哪里？”

外祖母啊，您辞世已经四十余年矣。

这四十余年间，每每想及您老人家，我的心底总有说不出的伤感和内疚。这四十余年间，我虽说也曾去给您老人家上过坟，也曾给您老人家修过坟。可细细算起来，没有去祭拜您老人家，亦有好多年矣。您坟头的草青了，我不知道；您坟头的草枯了，我亦不知道。您的那块小菜地，应该还在吧？不知有没有人打理？会长些什么呢？外祖父的坟头上，还有嫩黄瓜结出吗？

我看到了母亲干瘪的乳房

一

2023年5月14日，周日，母亲节。朋友圈中关于母亲节的各种文字早已满屏。

我没心思过多关注这些。这天上午，母亲要做两项检查：脑部CT和彩超。

原本我是想让女婿一大早过来帮我，共同护送母亲去做检查。有他这样一个年轻小伙子相助，我自然要轻省许多。

然，昨晚陪在母亲身边的大妹、三妹发来一则令人兴奋的短信：母亲能独自坐立10分钟了！我高兴得把这消息四处扩散，向主治医生表示了感谢。特别告诉了离开母亲病房不久的妻子，并且说明天上午就不用女婿过来帮忙了。

吃了早饭，我开车前往母亲住院的医院。车要出小区门口时，手机响了，是大妹打来的。问 9 点多了没来，是不是爸爸有什么问题，她担心。我立即告诉她，我已出发，爸爸还好，没事。

我来到母亲的病房时，母亲已经在挂水（输液的民间叫法）。我去护士站借来手推轮椅，并且让护士帮母亲中断了挂水。

我准备扶母亲坐轮椅时，才发现母亲根本坐不起身。大妹说，昨晚也就一小会儿，妈妈坐起来了，不过很快又躺下了。如此情形，要想让母亲下床站立后再坐上轮椅，几乎是不可能的了。

我将双手从母亲的颈部伸到她背后，想让她把双手搭在我肩膀上，她都不能做到。此时，我只有屏住呼吸，紧抱着母亲的上半身，先让她坐起，然后放下她双腿，再把她移到床边。

大妹稳稳地推着轮椅，我深吸一口气，小心翼翼地将母亲的臀部移到轮椅边缘，然后顺势将她抱起，轻轻地往轮椅中间挪动。确认母亲坐稳后，我才转到她身后，再次用力调整。经过几番努力，母亲终于稳稳当当地坐在了轮椅上。

离开病房时，母亲还跟同病房的病友摆摆手说："去检查了，马上回来。"显得轻松而礼貌。只不过，这一切都是在我提示加辅导下完成的。

我和大妹推着母亲出病房，从 5 楼先下到 3 楼，走了几个岔道，见到一处护士站，空无一人。大声询问，无回应之后，自己摸索，好不容易才找到贴一张 A4 粉纸的"B 超室"，内有人语，女性。

我推着母亲进入，医务人员示意让母亲躺到检查台上。我说，我来抱。从轮椅上把母亲抱到检查台上，过程一样的不容易。

我用力的程度，既要达到目的，又不能让母亲感到太过难受。她"哎哟"一声，我的心会跟着一紧，似有针扎。汗水不停从我额头、后背渗出来。说实话，我毕竟也是过了六十岁的人了。

让我没有想到的是，进行 B 超检查时，医务人员说先检查腹部，上衣往上提，下衣往下脱。她说着，随手拽起母亲的毛衣往上猛地一拽。

她这一拽，让母亲干瘪的乳房完全暴露在了我的眼前。

这距离我上次看见母亲的乳房，快六十年了……我的头顶似有激光穿透，整个人僵住了。

直到医务人员话语响起，说母亲膀胱里有异物，需要详细检查，我才回过神来。

母亲完全不能听从医务人员的口令将身体扭转到位。在身体转动时，她会莫名紧张，害怕跌倒，双手下意识地寻找着救助之物。

“仪器设备不能抓！”医务人员提醒母亲。大妹只好拽住母亲的双手。而转动母亲腹部、臀部的辅助工作，只好由她的儿子来帮她完成。

左边，转，再转；右边，转，再转。我在操作过程中，尽量不掀起母亲的衣服，极小心地呵护着母亲的上身，尽管那衣服下仅有一双干瘪的乳房！

二

我自认为是个孝顺的儿子。母亲有什么事情，都是愿意和我说说的。在家中用餐时，我吃好了丢下碗筷，总是会在餐桌旁多坐一会儿，听母亲说说关于老家的新消息。我知道，老家的那些人和事，流淌在母亲生命的河流里，挥之不去。可母亲的一个举动，将我的“自认为”击得粉碎。

2008年，女儿去新西兰留学前的那个晚上，母亲在KTV竟然蹦了一回迪。那画面、那场景，是我无论再怎么脑洞大开，也想象不出来的。

那天晚餐后，女儿提出，她们几个小字辈要去K歌。我和妻子自然应允。不承想，父母亲和岳父母四位老人都要跟着去，他们要听听孩子们新潮的歌唱。

平时，母亲是个一到晚上即睡之人。她有头疼的毛病，几十年了。

晚上睡迟了，第二天一整天都没精气神。基于此，母亲总是恪守早睡早起之原则，在我们家中堪称楷模。

我认定，母亲是不会跟来的。那 KTV 的音响震耳欲聋，对她的头疼极为不利。谁知她，一路走得很快，生怕别人不让她去似的。

距女儿选定的 KTV，路程不是很远，一大家子就没打车。可一上路，风挺大，把父亲头上的帽子都刮掉了。我想开口让父亲陪母亲回去，风太大了，况且到了 KTV 全然没他俩的事。然，望着二老劲头十足的样子，我把到了嘴边的话又咽了回去。

一进 KTV，我和女儿她们的代沟显矣。自以为流行歌曲还会唱几首的我，在小辈们面前成了地地道道的菜鸟。她们开口一唱，都是些我从未听过的歌曲，语速快，节奏强，摇滚味太浓太浓。我知趣地退下阵来，看女儿她们进行着颇为激烈的麦霸争夺，作袖手旁观状。

KTV 里，音乐轰鸣声巨大，再加上四小麦霸肆无忌惮地吼叫，我很是担心母亲的头不能适应。可与我预想的完全相反的情形惊现：随着强烈摇滚节奏，随着小辈们高声呐喊，母亲主动登场了！

她竟跟着她的孙辈们一起跳了起来，舞了起来。扭胯、摆手、挪步，每一个动作都有模有样，丝毫不比我这个进 KTV 次数不算少的儿子逊色。四个很新潮的孙辈，见此情形，也激动得直鼓掌。女儿说，奶奶是个蹦迪的天才。

我看着看着，迎上去拉着母亲的手和她一起扭胯、摆手、挪步。这可是我和母亲第一次跳舞。我相信，这也是母亲生平第一次进 KTV 跳舞。

这还是那个平日里稳重慈祥、不苟言笑的母亲吗？这还是那个平日里围着厨房忙个不停无暇顾及其他的母亲吗？眼前，母亲身上的红底碎花夹袄异常鲜亮，两鬓花白的齐耳短发随着音乐节奏在飘扬，用小辈们挂在嘴边的话说，真的很是飒。我看到了一个全新的母亲，一个身心全然放松的母亲，一个生命力旺盛的母亲，一个充满诗意的母亲。

说实在的，在拉着母亲手的那一刻，我的眼眶有些烫。我真的想对母亲说，儿子真的不够关心您，只知道给您日常所需，极少关注您的内心。

我真的想对母亲说，儿子错了，不该您快七十岁了才让您第一次进KTV。可又何止是KTV呢？您能去的，儿子该请您去的，有太多太多的地方，可以让您操劳了几十年的身心得到舒展与休憩。母亲啊，请您原谅这么多年来儿子的疏忽吧！

时过十点，母亲还是先回去了。这对她来说，实属破天荒也。此刻，我是极想陪母亲回的。可我知道，母亲是断然不会同意我离开的。她当然怕我的离开会影响现场的气氛，尤其是怕影响她宝贝孙女的心情。

她要让孙女在家里开开心心过好最后一晚。

曲终人散。从KTV回来，时近凌晨，妻劝我快些睡，可我睡意全无。那一段时日，于丹女士正在央视《百家讲坛》栏目讲《论语》。白天我碰巧听她谈“孝道”，当她讲到人生有一种无奈叫“子欲养而亲不待”时就有些感触。不承想，晚上让我生平头一次见到母亲跳舞，更是有如打翻了五味瓶。我在头脑里反反复复问自己：作为儿子你做得咋样？

鲁迅先生有过振聋发聩的一问：我们现在怎样做父亲？坐在电脑前，我在想：我们现在怎样做儿子？

三

人们常说，小猫小狗通灵性，亏待不得。何止是小猫小狗呢，小鸟一样通灵性。

在我近郊天禧玫瑰园的庭院里，就养有两只虎皮鹦鹉，初衷是给我父母亲解闷儿的。这种鸟儿，小巧玲珑、色彩斑斓，鸣叫起来颇为悦耳。在我看来，是老年人解闷儿的好帮手。

不料，鸟笼提进庭院没几个月，惨案发生：一日早晨，悬挂于亭中的鸟笼遭受攻击，致使一只蓝皮鹦鹉腹腔被咬开，内脏外露，死得惨烈。从笼内脱落的羽毛可断定，蓝皮鹦鹉死前是经过一番拼死挣扎的。

母亲为此很是伤心了一阵子，说什么再也不肯饲养小鸟了。于是，她老人家做出了一个决定：将那只幸存的黄皮鹦鹉放生。

没了虎皮鹦鹉的庭院，自然没有什么太大的不同。庭院里，飞来飞去的小鸟不断，叽叽喳喳的鸟鸣不停。我以为，母亲已经把虎皮鹦鹉事件忘了。

没过多久，心地慈善的母亲却又担心起黄皮鹦鹉的生存来。我劝母亲放宽心，对她说："你看庭院内外，整日飞鸟不断，它们都能活得好好的，黄皮鹦鹉当然也能好好地活着。"

"不一样！黄皮鹦鹉一直关在笼子里，被人喂养惯了，放出去让它自己找食，未必能行。"母亲的言语间，还是有着一份担心。

为此，母亲的补救措施开始施行：将家中剩余的鸟食，每日都在原先放鸟笼的地方撒上一些。她老人家希望黄皮鹦鹉实在找不到食时，能飞回来吃上几口。

母亲每天就这么撒着，自然会有鸟儿从空中或从树杈上飞落下来啄食。只是，不是她老人家希望的那只。

说来奇怪，母亲这样撒食没有太长时间，那只黄皮鹦鹉竟然飞回来了。再见到黄皮鹦鹉，母亲高兴得跟个孩子似的。母亲断定，黄皮鹦鹉在野外觅食肯定不顺利，要不然怎么会飞回来找食吃呢？

于是，她老人家决定，将黄皮鹦鹉请回鸟笼之中，由她亲自喂养。当然，得给它配上只蓝皮鹦鹉，有个伴儿，才不孤单。

这些，只能是母亲个人的情感逻辑。我自然是按她老人家的意思办。所幸的是，几年过去了，鸟笼惨案再也没有发生过。两只鹦鹉在笼子里活蹦乱跳的，过着水食无忧的日子，母亲挺开心。

四

年逾八旬的母亲，自然是老了。最直观表现出来的有两点：头发白了，步履蹒跚。幸运的是，她的头发至今仍是灰白，距离雪白尚远。脚步只是慢了，尚能自由行走，无甚障碍。这对于我们这样一个四代同堂之家实在是一种幸运。

顺便说一句，我父母亲、岳父母，四老皆年逾八旬，生活在我的近旁，时常与我的两个孙辈来一番嬉戏，满满的幸福顺着脸部的皱纹荡漾开来，诠释着什么叫天伦之乐。

步入耄耋之年的母亲，性情倒是变了，较年轻时温和了许多。特别是她对儿媳的态度，再没有一丁点儿的抱怨，全都是不舍与心疼。开口时，必在儿媳名字前加上“我家”二字。

妻子退休后，照料两个孙辈的任务便落在了她身上。从托儿所到幼儿园，直至现在进了小学，她那辆电动车上时常是“春兰空调”——“一拖二”。小姐弟俩特别喜欢与外婆一前一后挤着。

妻子在驾校认真学习过，也拿到了驾照。可一开车上路，她心里就没底，慌得很。在她看来，还是她那辆电动车安全。这样一来，“安全”一词，成了我友情提醒妻子的高频词，几乎每天挂在嘴上。

妻子不仅当着家里的“幼儿园园长”，还成了一个“打工者”，却不过朋友的情面，被请去负责某律师事务所的财务工作。虽然朋友很包容，对她上班时间不作严格要求，然而，一直做事认真的她，恪守着“受人之托、忠人之事”之古训，加班常有。

妻子既要照顾孙辈还要上班，老母亲心疼不已。众所周知，婆媳关系一直是家庭中十分重要而又复杂的一种关系，处理得好的有，出问题的更是不少。身为儿子和丈夫，我似乎是幸运的，也时常为身边的朋友们所羡慕。

母亲年轻时吃了不少的苦。她生我时才十九岁，因为缺少奶水，我被送到外婆身边抚养。为此，外婆时常拎着我的耳朵边儿（老辈人对小辈亲昵之举）说我是吮吸着她乳头长大的。尽管我离开了母亲，但她的生活并未因此变得孤单。在接下来的短短几年内，我又有了三个妹妹，母亲也因此成了四个孩子的母亲。

那时，父亲常年在外面的“工作队”上，家中大小事务一应由母亲操持。孩子小，没有“上人”（长辈之俗称）可托付。奶奶在我父亲很小的时候就去世了。虽说还有一个爷爷在世，七老八十了，还得自己下地干活儿。用父亲的话说，整天为自己的“二寸半”（嘴的代称）都忙不过来，哪有时间帮着照料小孩子呢？爷爷有三个儿子，孙子孙女一大堆，即便他想照料，也是心有余而力不足矣！

处在大集体年代，母亲还得参加生产队的劳动，繁重而紧张。日出而作，日落而息，在母亲这里行不通了。

起早贪黑的母亲，让“带月荷锄归”成了家常便饭，只是诗意全无。到现在我都还记得，我七八岁时常做的一件事，便是一大早就往母亲干活儿的田头跑，给她拿早饭（拿，避“送”之讳。“送饭”通常用在死去的人身上，为旧时丧礼）。

那时候的集体劳作，虽然大家在一块儿干活儿，但很多时候工作量也是分配到人头的。譬如插秧，一人插几棵，以及各自负责多宽的区域，都有定数。割稻、割麦，亦如此。这样的当口，如果掉了队（跟不上大伙儿的劳作进度，掉在了一群人后头），家中有帮手的，完成自己的定额之后，自会过来帮忙。母亲是没有这样待遇的。偶或，也有人伸援手，少之又少，实在难得。

拖着疲惫不堪的身子回到家，冰锅冷灶，望着四个还不懂事的孩子，母亲的泪水就来了，边流泪边给孩子们做晚饭。

这时候，如果父亲回家，那就撞到母亲的枪口上了，母亲抱怨、委屈的子弹会毫无保留地射向刚跨入家门的父亲。父亲当然甘愿当一回母亲的“出气筒”，让母亲痛痛快快地宣泄一番。

多年负责一个大队的全面工作，父亲太知道生产队分工作业是怎么回事了。母亲一个人在生产队单枪匹马地干，掉队，落下，再正常不过。但人人有面、树树有皮，母亲当然不愿总是被人当“尾巴”看。

就这样，母亲辛苦劳作一年下来，到年底“分红”，我们家不仅不能从生产队会计手上拿到“分红”款，还要从家里拿出钱来支付生产队的“两上缴”。我们家是生产队为数不多的“超支户”。

多亏母亲能干，在家里养猪、养鸡、养鸭，家庭副业收入不少。不仅支付了生产队的“两上缴”款项，还能为我们兄妹四个过年时做上件新衣裳。在我的印象里，父母亲是不可能每逢过年都做新衣裳的，一件新衣裳要过几个年的。那时，人们的日子是艰苦的。

日子如老屋后悠静的香河水，平缓中偶或也会有些小波澜。等到我们兄妹四个长大成人，各自成家，生活也有如芝麻开花，不仅节节高，还多了份芝麻香。这时，家庭中的小纠纷，也会时不时地冒出来。

何故？母亲的性格使然。

母亲的天性让她像老母鸡一样，始终把自己的四个孩子拢在自己的羽翼下。有很长一段时间，我的三个妹妹是一起居住在我这个长子家的。其时，我和妻子住在家中主卧室。父母亲则住在主屋前一侧的东厢房。显然，父母亲已经让我这个长子来当家了。虽然他俩还没到六十岁，算不得老。

四个家庭，十几口人，当中还有四个爱闹腾的小宝宝，在一起时间一长，难免因一些小小的不愉快而争执起来。让老实本分的妻子感到委屈的是，她既没参与也没多话，竟然会“躺枪”。婆婆对她的不满，她确实难以理解。

那时候，一大家子人在一个锅里吃饭，家中日常一应事务如早先一样，听从母亲安排。母亲生二妹时落下头疼眩晕的毛病，身体扛不住时，烦心时，便会发作。发作起来，天旋地转，还会呕吐和晕倒。

此时，父亲会出面疏导众人的情绪，劝一家人对母亲给予足够的包容，毕竟母亲年轻时吃了太多的苦，有太多的负面情绪无法排解。结果是，三个妹妹带着孩子各回各家，让彼此间有一段距离。不是说，距离产生美吗？

当一大家子把握好“分”与“合”的节奏时，大家庭的气氛会变得融洽而温暖。之前的那些不愉快，早丢到爪哇国去矣。

母亲的性格，也不是每一次发生不愉快，都能给父亲面子疏导的。有那么一次，母亲又让她儿媳无故“躺枪”。妻子一时难以接受，回了娘家。这让做婆婆的脸面上很是挂不住，气得她也躺下了，卧床不起。

时近新春，一家人如若不能在一起过个团圆年，肯定是件憾事。更为要紧的是，婆媳之间的裂痕会由此越拉越大，修复的难度会进一步加大。

所幸的是，岳父母家与我们家相隔算不得远，数百米之遥而已。我徒步上门向岳父岳母解释清楚婆媳俩矛盾的起因，毕竟春节临近，做儿媳的回家过年，还是应该的。我这样的要求，岳父岳母当然支持。

儿媳回来，婆婆仍然躺在床上不愿起来。这时候，想让儿媳再到婆婆床前认错，几乎不可能，只有做儿子的做母亲的工作。

我拿着一把梳子，来到东厢房母亲的床头，什么也不说，默默地为她老人家梳头。母亲也是一声不吭，任由她儿子梳头。

木梳子插进母亲的头发，一下，两下，三下……儿时母亲辛劳的过往，成了此时母子俩共同的话题。一股暖流，在母子间涌动。

那时母亲还算不得老，一头黑发浓密得很，要梳通梳顺，儿子唯有小心动作，不让梳子对母亲的头发造成一丁点儿扯拽。

当儿子小心翼翼为母亲梳好头之后，母亲没让她的儿子开口相求便起床了。于是乎，一家人一起过了个团团圆圆、开开心心的春节。真好！

五

母亲腹部检查完成后是颈部检查，相比之下母亲配合度高出了许多，伸脖子，转头，完成得很好。大妹帮着解了母亲衣领处两个扣子，即可操作了。

从 B 超室出来，去做脑部 CT，需要下到一楼，出大楼至医院北门口，经一个斜坡往上，方可进 CT 室。

医院的门卫是个好心人。他先是提醒我去影像室叫人，又帮我们推轮椅，把母亲顺利推进了 CT 室。

进入 CT 室，母亲又要从轮椅上移到检查台上，检查完成后再从检查台上安顿到轮椅上。整个过程，主要靠我独立完成。大妹只能扶着轮椅从旁协助。她今年也步入花甲之年了，腰疼的毛病一直没治好，所以没办法使出更大的力气。

几个回合下来，我的头发湿了，后背更是湿透了。我一边擦汗一边鼓励母亲：妈妈今天表现好，值得点赞！

终于顺利返回了病房，此后几天，母亲只需要静静躺在病床上接受治疗。其实，几个回合下来，回到病房再把母亲抱上病床，对于我来说难度又增加了不少。

我离开家的时候，三妹说是随后就到的。她要上菜场买菜做饭，进进出出，都是骑电瓶车。好在路近得很，几分钟即可到达。

然而，母亲的检查全部完成了，三妹也还不见人影。这时我才发现，她给我发了一条语音：爸爸拽着我，不让我出门，说是没精神，不要把他一个人丢在家里。

吃早饭时，我问父亲："要不要也去医院挂一下水？"老一辈人相信挂水治疗效果好，见效快。他说：“还好，暂时不要。什么时候去医院看你妈妈的时候，再挂水也不迟。”我说：“那就明天上午吧，今天上午要给妈妈做检查。”

现在，三妹给我留的语音，让我不得不把老父亲接到医院来。

老父亲比母亲还要大几岁，今年八十六岁了。此次母亲发病，前后已有两三个月了，父亲照应的时间不短，身体肯定是透支了不少。

我提前和给母亲治疗的主治医生联系了一下，说明情况。往日里，二老小有不适都是请他看的，称得上老熟人。

父亲到医院一检查，严重低血压。他可是和母亲一样，都是患高血压的，降压药吃了十几年了。医生让停药治疗，其方式选择了父亲认可的：挂水。

你还别说，两瓶水挂完，两三个小时之后，父亲精神明显好转，说是要上楼看一下母亲。

在我的记忆里，母亲几乎没有住过院，二老跟随我到泰州生活快三十年了，这是第一次。

两个老人在病房相见，也是第一次。原本睡着的母亲，想是知道父亲到来，睁开了眯着的双眼。

“你不要焦（焦虑的意思），安心治疗，不要焦我。”父亲拉着母亲的手，说了老两口见面的第一句话。

“噢！文辉（父亲名）你来啦？”母亲转头朝父亲问了一声，并不曾回应父亲的话。

今年春节前，家里四老，三老摔了跟头，只有父亲没有摔。

岳父岳母摔得最严重，加上新冠感染，住院治疗几个月。岳母昏睡两周，医院下发了病危通知。岳父神志不清到药片含在嘴里都不会往下咽。万幸的是，经过几个月的治疗，他们二老身体恢复了往日的健康。

而核酸检测一直呈阴性的老母亲，因摔了一个跟头，精神一直有些恍惚。最近这几个月，晚上不好好睡觉，总要把家里人反反复复叫喊一遍又一遍，一定要有人守在床边她才能安稳。

几天前，上楼下楼乃十分轻松之事，现今母亲却没办法完成了。躺在床上，之前坚决排斥的尿不湿，现在只能用上。她的行动力严重下降，真正到了寸步难行的地步。

在这样的情况下，我才决定让母亲住院治疗。

在天禧玫瑰园的寓所，二老的房间里有一张双人合影，那是他们二老跟随我从老家搬到泰州不久，在梅兰芳公园拍的。那时的母亲，多年轻啊!

客厅里的幸福树

我家客厅里的幸福树枯死了。

那株幸福树，在我家客厅生长有十余年矣。幸福树是随着我们家在天禧玫瑰园的寓所落成而入室的。

幸福树很是壮实，树干比一壮汉大腿都要粗。树高近两米，分有两枝，生出翠绿油亮的叶子来，充满生机。枝丫上所挂大红的“福”字，为我友人书家所赠，一年一换。福字，有时是我挂上去，有时父亲挂。

其时，我尚未退休，居莲花2区离工作单位近。有了两个孙辈之后，无论是上幼儿园，还是后来上小学，都更为方便一些。

这样一来，天禧玫瑰园的寓所便是父母亲常住，我和孩子们多为双休日去看望二老时，逗留一两个晚上。碰到宝宝们上兴趣班，想住都住不成，看望一下，给二老留下点水果、佐餐小菜之类即离开。六七岁的孩子，朗读、美术、围棋、舞蹈……一到双休日，真够忙的。

三层小楼，老两口住绰绰有余。房间的卫生保洁、庭院的落叶清扫、花木盆景的护养，工作量蛮大的。好在刚入住时，父母亲才七十岁出头，身体状态很是健康。老两口内外分工明确，日子过得还算舒心。

这中间，花木盆景养护之工作当然由父亲承担。没读过一天书的母亲，在生产队劳作时，吃苦耐劳是出了名的，干农活儿是一把好手，村河上的趟鸭——“呱呱叫”！于她而言，母亲对庭院内外的花花草草、树木盆景兴趣全无。父亲则不同矣，不仅念过旧时的“诗云子曰”，而且在村里和区工商所工作过多年，这些都是我培养他“小情调”的良好基础。

在父亲的照料下，家中的花木盆景的生长状态虽不能让我十分满意，倒也没发生大量枯死的“非正常事件”。就拿客厅里的幸福树来说，也有枝杈枯萎的时候，不过，总有新枝长出，那嫩绿的叶子跟原有的比起来，更让人喜欢。这种枯萎与新生轮番上演的情形，不止一回两回。至少说明，父亲在幸福树的水肥管理上，没出什么大问题。

然而，在 2023 年兔年将尽的时候，幸福树竟一下子枯死了。

时间回到半年前，母亲被确诊为早期阿尔茨海默病，住进了我们当地的人民医院康复中心。

有一日，我像往常一样，接父亲去康复中心看望母亲。因医院内来往车辆多，停车不太方便，我便把车子停在了外面，有几百米距离，需要步行。刚开始，我和父亲一前一后地走着，父亲越走越慢，直至我架着他走，他仍气喘吁吁。“爸爸，你走路这么吃力，需要请医生看一看。”我对父亲说。

进康复中心四楼母亲的病房之前，我让父亲在电梯口的椅子上小坐了一会儿，父亲的状态非常不好。我找到了为母亲治疗的赵医生，只见赵医生翻看了一下父亲的眼睑，当即给出结论：重度贫血！

我看到了父亲煞白的眼睑，没有一丝血色。赵医生转身轻声对我说，老年人这种情况，十有八九是恶性肿瘤在作祟。

父亲立即住院，开始输血。我推掉了一周前约好在扬州的文友聚会。当晚，医院给我下发了父亲的病危通知书。

赵医生告诉我，父亲随时都有可能走掉！“走掉！”赵医生用了个避讳词。

说实话，病危通知书并没能吓到我。我心底认定，这是医院夸大其词的做法而已。父亲自己走进医院的，怎么会一下子病危呢？但赵医生的话，瞬间就把我变成了一只木鸡，我傻了。

翌日，父亲转入人民医院总院。不幸为赵医生言中，父亲为肠癌晚期。在横结肠约70厘米处，有两枚大小约1厘米×1.2厘米的结肠腺瘤，且占位狭窄。三次专家会诊给出的结论是，鉴于老人年事已高，体质太弱，建议保守治疗。

我把父亲的诊断报告发给远在西安的内弟，他从事干细胞筛查工作，有不少这方面的资源。结果西安的专家给出了相同的意见：保守治疗。

不管父亲的病来得多么突然，不管父亲的病的结果对他本人、对他的子女们多么残酷（母亲患病，不再像平时那样关注父亲），身为长子的我，只有默默地接受。父亲心理承受力是不强的，自然不能让他知道确切病因。话又说回来，面对这致死一棒，有几人能坦然承受呢？

陪床的日子如此之短，是给我的另一重击。

刚开始的一个月，我和父亲邻床而卧，便有意聊些他年轻时工作中的闪光点。在村支书岗位上干了几十年，最让他引以为荣的是，有一年全乡二十二个村，他被推举当选为县党代表，是二十二个村支书中唯一的一个，受到当时的县委书记接见，别提多风光了。虽然时隔半个多世纪了，他老人家旧话重提，仍然满满的自豪感。

父亲也有过“走麦城”的经历。只不过，那时他还没当上村支书。他当村大队会计时，村支书另有其人。我家从我笔下的“香河”北岸搬到村上居住之后，建过一次房。这房便是我后文所提到的“老家的老房子”，我也专门为此写了一篇名为《老宅》的短文。

之所以值得我专门为此房动笔，是因为为了这座房子，父亲的大队会计被停职了。停职的动议是当时的村支书向乡里提出的。理由是父亲身为大队主要领导干部，不带头执行村庄宅基地建设规划。当时，村民建新房，都必须上大队新规划好的宅基地，彻底改变村庄居民零散之现状。这当中有个现实问题，大队新规划的宅基地还都是虚土，没有经过一定时间的沉积，在上面建房是不牢靠的。要知道，在那个年代，村民们建座新房，那可是一辈子的大事，马虎不得。房基不牢靠，怎么能行呢？

于是乎，父亲选择了在原地翻建。照理说，村支书对父亲在原地建房持不同意见，应该及时阻止。可村支书并没有这么做，而是等父亲把房子建好了，亲自向乡领导反映。这样一来，新房建成了，我们一家大小六口人（父母亲和我，还有三个妹妹），不仅不能欢欢喜喜搬进新房子里过年，而且父亲还被停职进了乡里的“学习班”。

我们一家被安置在大队大会堂里，有新房不能住，母亲整日以泪洗面。那时的冬天特别冷，我们住在空荡荡的大会堂里，而大会堂的门窗早已破损。外面落大雨，室内落小雨；一旦下雪，便是雪花满屋子地飘。

到现在我都清楚地记得，父亲去乡里“学习班”时的情形。那是一个冬天的早晨，村民们大多还钻在热被窝里呢，父亲背着母亲为他准备好的简单行囊上路了。严霜覆盖的小路上，留下父亲一行清晰的脚印，蜿蜒而悠长。母亲和我站在村口，目送着父亲远去，直到父亲的背影变成一个渐行渐远的黑点。

人们常说，父爱如山。又有人说，多年父子成兄弟。从小在水乡长大的我，切实地感受着如水的父爱。在父亲眼里，我是那种“自成人”的人。“上等人自成人，中等人教成人，下等人打死不成人。”这三句话，是他常挂在嘴边的。

我从上学到工作，从乡村到县城，从一个城市到另一个城市，父亲对我的教育从来不见威严，更是没有责罚了。这么多年之中，唯有我第一年参加高考以三分之差名落孙山时，父亲在我面前流露出了那份毫不掩饰的失望。他惋惜地对我说：“怎么就没再用把力呢？何至于三分之差，那可是改变你命运的呀！”

父亲自然知道，高考不比种地，但凡事多用把力，总是不会错的。父亲在帮助我总结“三分之差”的失误时，找出的问题关键，竟然是我考试时没有手表。因为没有手表，就不能很好地掌握时间，更没能很好地利用时间。于是乎，在我拿到高考成绩的当天，执意要把他手腕上的那块钟山表摘下来给我。

那时，我们村上只有三个人的手腕上戴表：一个是村小的吴老师，城里来的；一个是我门上的二叔，退伍军人，他的手表轻易看不见戴；还有一个便是我父亲，他负责着全村的全面工作，常握时间对于他当然十分重要。现在，他却要把自己的钟山表给他的儿子。

我在《父亲的钟山表》一文中有所记述，高考落榜生的我，戴着父亲的钟山表，手腕上有些沉，不很适应，也不敢细看表的模样。咬着母亲招待贵客才有的蛋茶，鼻子有点酸，眼角有点湿，懊悔犹如无数看不见的小虫在体内蠕动。我懊悔高考答题时的随意，更懊悔提前交卷时的轻率。怎么就没再用把力，何至于三分之差？父亲的话反复在我心底萦回。

在父亲潜移默化的影响下，我懂得了“滴水涌泉”的道理。对我的小姑，我是一丁点儿印象都没有的。可父亲告诉我，小姑是所有五个姑姑中最疼我的那一个。我人生第一件最贵重的礼物，就是小姑给我的一件红灯芯绒大衣。

那是我过周岁时，小姑特意给我做的。大翻领，双排扣，款式新颖洋气，灯芯绒的面料，颜色红得鲜亮。那件小红大衣，让我的整个童年都变得鲜亮起来。

我出生的那年恰逢严重困难时期，吃不饱司空见惯，“瓜菜代”成了餐桌上的家常便饭。村民家中难得见米下锅，更是与荤腥断绝了往来。在这样艰苦的环境下，小姑竟然送给我如此贵重的礼物，这肯定是她经过长时间的积攒才得来的。我父母亲感动不已。

在那个年月，亲友之间给小孩子过周，多半送双把袜子之类，聊表心意。小姑置办那件红灯芯绒大衣，其花费堪称“巨款”。

令人心痛不已的是，对我如此疼爱的小姑，没等到我学会叫她一声，便患病离世了。那年，她才过而立之年。六十多年过去了，小姑给我的那件小红大衣，让我铭记至今。

我有一个特别称谓：“调泰干部”。地级泰州市组建不久，我便从家乡选调到了泰州。现在回想起来，让我有些许欣慰的是，我到泰州时间不长，就把妻子和父母亲都接了过来。父母亲跟随我在泰州生活二十多年了。父亲告诉我，这二十多年，他和母亲挺开心的。不说别的，他们二老比老家人早十几年就喝上了长江水。因为水，老家人阑尾摘除、胆囊摘除者众多。

在医院给父亲陪床的这段时间里，我学会了用微波炉做荷包蛋。鸡蛋进微波炉，处理不当会炸得满炉开花。我的窍门在于加水，当然要注意水、酱油、麻油之间的比例调配，再撒点儿的白胡椒粉调味。这一切配置完毕，将蛋碗放进微波炉转四五分钟即可。有一回，三只鸡蛋打出了四个蛋黄。碗里圆润饱满的鸡蛋飘着麻油香，我分出一半给父亲先尝尝，老人家咬了一口就点头夸奖：“香！口舌好！”“口舌”是父亲独有的表达语，意思与“口味”相近。那天的早餐，父亲吃了两只鸡蛋之后，还喝了半碗白米粥，胃口少有的好。

陪护父亲，让我有了好几个第一次。有天早晨，服侍父亲洗漱之后，我说：“昨晚忘了给你洗脚了。”父亲说：“干净呢，不用洗。可以擦一下后背，有点痒。”

我准备好了热毛巾，他又说要上一下厕所。他在厕所里坐了一会儿，说什么也没有解下来，就上床了。父亲大小便的量、颜色，每回都要告知护士。我看到抽水马桶里有了橘红色，知道父亲其实是解手了。于是先给他洗了屁股，再洗脚。之后换水，给他擦后背。上面、下面、中间，他指挥着，儿子跟随父亲的指令而行，配合默契，止痒效果很好，父亲很是满意。要知道，为父亲擦身子、洗脚、洗屁股，这是多年来我第一次为父亲做这些事情。我明显感到，起初给他擦洗屁股的时候，他是有点儿不适应的。见我执意动手，父亲才选择了顺从。给父亲洗了脚，我发现父亲说的是实话，老人家的脚是干净的，无异味。

第一次给父亲刮胡须，第一次给父亲剪指甲，第一次给父亲倒便盆……这几十年来的太多的第一次，都发生在陪护父亲的这段时间。这中间，还有个第一次，我六十三岁生日是陪父亲在病房里度过的。生日那天早晨，妻子打来手机视频，两个孙辈还没起床就送来了生日祝福：爹爹生日快乐！“爹爹”，在我们当地是爷爷的意思。女儿、妻子分别发来了生日红包。父亲陪着他的儿子吃了小半碗面。往常这样的日子，他老人家总是会在家里敬上一炷香的。

这期间，我第一次当着父亲面流泪，是二妹从老家赶来看望父亲时，从身上掏出五块十块凑整的红包，一份一份交给我，这是给爸爸妈妈的，这是给姐姐妹妹的，这是给哥哥嫂子的……她一份一份掏着，我的眼泪止不住就流了出来。

二妹有头疼的毛病，好像是遗传自母亲。她每天子夜就起床，和二妹夫到蔬菜批发市场拿各种菇，一部分卖给零售商，一部分往有供货关系的酒店送，剩下的再到菜市场零卖。她得来的每一块钱，要淌多少汗水啊！

二妹也是做外婆的人了，原本不需要如此辛劳的。受他人连累，为了几十万元银行借贷，二妹夫上了黑名单。劳保冻结了，新建在城郊的两栋房子也不能出售。卖菇成了他们主要的经济来源。一天只睡两三个小时，超负荷劳作，整个人削瘦而疲惫。

我知道，二妹觉得自己没能在二老跟前服侍尽孝，不仅亏欠了父母亲，也亏欠哥嫂、姐妹。她掏出的每一份红包，都饱含一份深深的愧疚。而我，又不能把父亲的病情言明，那种无奈、那种绝望，只能深藏心底。老父亲入院一检查，就查出无力回天的毛病，内疚同样塞满了我的胸膛。

父亲的保守治疗，一开始还是挺顺利的。本着缺啥补啥的原则，钾、蛋白，还有血浆，不断输入他的身体。当给他输了四次血之后，医生告诉我，放寒假了，绝大多数高校学生离校了，输血志愿者骤减，血库存血只能用于抢救。除非有人专门为老人家献血，方能从血库申请。

我动脑筋找了几个有献血经历的朋友，遗憾的是，他们不是距上次献血没满 6 个月，就是近期身体状况不适宜献血。某天早晨，我在餐桌上把此事一说，不料女儿径直说，我去给爷爷献血。我一直不知道，她也是一名献血志愿者。就这样，她到血站为爷爷献了 400 毫升血。

父亲在入院治疗差一天一个月的时候，停了所有用药。望着他手臂、手腕上一块一块的淤青斑块，想着他再也不用两臂同时输液，再也不用一天输六瓶以上、十几个小时了，我的心里一下子轻松起来。主治医生甚至说过，老人家可以回家住一段时间，有什么情况及时返院即可。

那一阵子，是父亲住院治疗期间最为轻松的，每天可以下床走动走动，站在高楼窗外看看鳞次栉比的楼群，我告诉他家的方位。想着很快就能回家了，父亲脸上浮现出舒心的笑意。

一股寒流的到来，让我放弃了接父亲回家的念头。

父亲被要求转入康复中心，是他在人民医院总院住了整整两个月之后。我想，转入康复中心也好，让他和老母亲随时能见见面，聊聊天儿，我们兄妹三人照应起来也方便一些。

眼看快过年了，有些病人回家过年，医院病房紧张度一下子就得到了缓解。我也心想事成，将父亲、母亲安置进了同一病房。说实在的，时至今天，我都对医院的这种人道主义的照顾心生感激。

日常生活中，我是那种被人称为“油瓶倒了都不扶”的人。最近几周，我开始为老母亲做饭。我做饭的经验，直接复制于妻子。原本不用我亲自动手的，妻子把家中琐碎事务料理得妥妥帖帖。无奈的是，她受父亲病症影响做了一次肠镜，查出肠节结，也进医院动了手术。

我做的营养餐，荤素混合在一起，大白菜、青菜、胡萝卜之类蔬菜相互替换，这中间总少不了三妹做的肉圆。蔬菜也好，肉圆也罢，我都切得细碎细碎的，配好作料，先炒至半熟，再加入米饭，文火慢炖，起锅时便有香味在厨房弥漫开来。护工大宋不止一次对大妹说，你哥哥给你母亲做的饭真好！

母亲每次吃得都十分开心，非常喜欢。这样一来，我做饭积极性大增，由每次做一饭盒增加到每次做满满一锅。我的用意是让一家人都可以吃。

这样舒心的日子并没能维持多久。半个月后，因为涉及病房“周转”的规定，医院给父亲、母亲的人道主义照顾要终止了。我只能另求他途，好在另外一家医院能满足我的诉求，转院后二老仍能同住一个病房。医生在给父亲做了一系列检查之后，私下告诉我，安安稳稳过这个春节应该没太大问题。

我暗暗松了一口气。关于父亲后面的事情，我在一样一样准备着，需要时间。从办事场地的选择到归属地的确定，再到碑体的设计；从最后一帧相片的放大装框到一身九件套寿衣的定制，我都渗透给了父亲，让他知晓儿子为他做的一切，让他放心。

这里有两个细节值得交代一下：医生说父亲身体上不适宜佩戴金属饰物了，让把他胸前的金观音挂件和手上的金戒指都摘下来。想到父亲佩戴这金观音有年头了，猛一摘除，胸口肯定空落落的，我立马买了一玉佛挂件给他换上，他开心地说“好”。这一天是 2024 年 1 月 29 日。同一天，他的三个妻侄到病房看望他和母亲，他特意询问我是否已经请这三个表兄弟吃饭喝酒了。得知三个表兄弟酒足饭饱了，他才放心地点点头。

还有一个细节，也是在这一天，他起身坐在病床上，主动要了半碗米汤吃了，然后又要了一次。三妹通过手机微信向我报喜，我内心既高兴又担忧。果不其然，第二天早上，也就是 2024 年 1 月 30 日，我一如往常做好饭菜送往医院，途中接到三妹电话，她哭着说：“哥哥你快来，爸爸不行了。”我强作镇定，说：“不要慌，让医生抢救！”

我赶到父亲病床前，父亲两只眼睛睁得很大很大，呼吸机里传出他急促喘粗气的“呼哧”声，我知道他在“望”他的儿子。我提出让父亲转重症监护室的请求被婉拒了。

一家人都赶到了父亲的病床前，包括两个重孙辈的孩子。抢救父亲的时候，母亲被转移到了隔壁病房。她并不清楚邻近病床上的父亲发生了什么样的情况。现在回想起来，母亲的这种状态，对于她，对于她的子女们，何尝不是一种庆幸呢？我清楚地记得，当年外婆去世，她哭了整整一年。现在如果她十分清醒地知道，和她一起走过半个多世纪的人要先她而去了，那不是要了她的命吗？

父亲直到穿好我为他定制的九件套之后，才闭上了圆睁的双眼。“爸爸，儿子送你回老家啦！”我在他耳边轻语。父亲插着吸呼机离开病房，被抬上了救护担架，然后又被抬上了救护车。车上，我和大妹、三妹陪着父亲。两个妹妹早就哭声一片，我坐在父亲头前面，不时轻声告诉他：“爸爸，送你回老家啦！老家门上的兄弟们都在等你啦！”

老家的老房子卖掉有二十多年了吧！前几天我回老家为父亲选定最后的归属地，从老房子门前经过，房子基本上还是原来的样子，只是再也回不到我的手上了。人家住得好好的，我也不好意思提出回购的想法。

后与堂兄相商，想在大伯老宅基地上翻建一栋房子，送父亲最后一程。现在，这个方案显然来不及实施矣。但送老父亲回老家的想法，是不容改变的。我在护送父亲回老家的救护车上，再次与堂兄紧急相商，堂兄答应让父亲进他在城郊那处空置的老房子。

门上兄弟把该准备的一切都准备好了。父亲进屋之后，躺在门板上，只过了五六分钟，便没有了呼吸。我和门上大哥跪在父亲头前，我伤心地说："爸爸，您走好啊，爸爸！"

"爸爸呀——""爸爸呀——"在妹妹们的哭喊声中，父亲睁了一下眼睛。事后，老姑姑告诉我，这叫收眼光。他知道回老家了，就放心地走了。几秒之后，父亲永远地闭上了他的眼睛。

世间万物皆有因果。父亲住院不久，他日常养护的幸福树竟枯死了。没过多久，父亲也跟着离去了。从他确诊到离去，只有短短的两个半月。

父亲于 2024 年 2 月 1 日在老家火化，享年八十六岁。九天之后，便是龙年春节了。趁着外甥、外甥女等小辈都在，我把老母亲从医院接回了天禧玫瑰园寓所，只想和老母亲一起度过这个难捱的春节。

前几天，我无意中发现，天禧玫瑰园寓所的香案上，一本日历撕到了 2023 年 11 月 15 日。16 日这一天，便是父亲生病住院的日子。

（2024 年 2 月 11—15 日于海陵莲花）

如今我又见到了你

这一次，和你再见面，竟相隔了差不多半个世纪。这一次，和你再见面，竟是在远离故土的千里之外。而这一次的相见，并不是你我的主动安排。

要不是我的两个孙辈吵着他们的爸妈要去海洋馆，和你的再见面还要往后推延。

和孙辈们分开，我来到了一处叫青龙寺的地方。吸引我的，不是色彩绚烂的花朵，不是微风吹拂着的依依垂柳，不是颇具江南韵致的小桥流水。在青龙寺，一下子就抓住我眼球的，是“古原楼”。倒不是因为这里曾为唐代皇家护国寺，亦不是因为这里为佛教密宗之祖寺。

在这座古色古香的唐式建筑面前，我首先想到的是李商隐那首寥寥20字、传播度极高的《登乐游原》——

向晚意不适，
驱车登古原。

夕阳无限好，

只是近黄昏。

年已花甲的我，在此诗的诞生地，慢吟此诗，还真是颇多感慨。不久之前，在自己的小院内，我曾教孙辈们诵读过此诗。两个小家伙，在红梅树下，在六角亭中，摇头晃脑，像煞有介事之模样，着实让人开心，哪有什么“意不适”哦。

在青龙寺李商隐《登乐游原》诗作的石刻旁，我登高远眺，寺外早为一幢幢体量巨大的现代建筑所占领，古原之风貌全然不见。心里不免嘀咕，这“千城一面”的情形，什么时候才能有所改观呢？

我心里正嘀咕着呢，一股淡淡的清香飘来，循着这股清香，让我发现了就在近旁的你。坦率地说，我一下子愣住了。怎么会呢？和你在此地相见！我在哪儿丢失了你？我是什么时候遗忘了你？

无论我怎样追问，一时都找不到答案。

其后的几天，和家人一起登古城墙时，你我再度相遇。你，彻底震撼了我。

苦楝树，我真的没想到，能在西安古城墙上见到你有如此庞大的群体，嗅到你绵绵不断的清香。此乃我平生所未遇也。在我的记忆里，怎么就将你的清香遗忘了呢？

要知道，你我曾经是何等熟识、何等亲近。你曾经就在我家前院里长着，与我和我的小伙伴们为邻、为友。

盛夏时节，你满树的淡紫色，在孩提时的我们眼里，实在是好看。人小鬼大的小伙伴们还会掐下淡紫色的花，单取管状的部分，用穰草芯一个一个串起，拴在手腕上成手链，挂在脖子上成项圈，系在脚脖子上当然叫脚链。

这种事，多半是小男生做给小女生的，献殷情呢。也有做好了手链、脚链、项圈之类送不出去而自己戴的。那自然会遭同伴们嘲笑一阵子。

隆冬时节，雪花满天飞，你满树的紫花早变成了一串串果子。楝树果子是一种应用颇广的中药，并不为我们这些顽皮的孩子所关注。偶或，会有几只白头翁停在上面啄食，全然不顾果之苦涩。看来，白头翁实在找不到更好的吃食矣。

我和小伙伴们自然不会把白头翁一直放在心上。一到晚上，凉月高悬天际，我们的好戏就开始了。

在我心底，那时故乡的凉月是世界上最明亮的。我的故乡，在苏北平原上，是个不知名的小村庄。正如我在《香河》里所描写的那样，巴掌大的庄子，筷子长的巷子。出门见水，无船不行。因为村子小，生活在村庄上的大人小孩都很是熟识。不像现时的城里，同住一幢楼，上班下班在楼道里遇见，极少招呼，多半也叫不出姓甚名谁。

常言说："一熟三分巧。"一个村子上的人，哪家有新鲜事，便爱往哪家凑热闹，尤其是一帮孩子。我记得，村子上只有一两家有电视机的时候，我几乎每晚都带着三个妹妹到村西头一户人家家里看电视。其时，日本电视连续剧《排球女将》《血疑》正火，我们兄妹四人晚饭后碗一丢，便往有电视机的人家赶，以便抢占观剧的有利位置。

乡里人毕竟厚道，供我们看电视的这户人家，原本电视是在堂屋里的，后来看的人越来越多，主人只好把电视搬到院子里，并把家中的凳椅在院子里放好，以便人来了好坐。主人热情周到，自不必说。就连我们这些观众，亦也非常自觉克制，发生不愉快的事极少。虽说不大的院子里挤满了人，但并不会因人多而嘴杂。大伙儿还是挺安静的，看电视颇入神。

这时候，我倒有些走神，会自觉不自觉地抬头，望望悬挂于空中的凉月，亮晃晃的，直逼我的眼。等我读了几年书后，忽然明白了，那就叫"月光如水"。

凉月高悬的夜晚，我并不是一直带着三个妹妹追剧，我和小伙伴们做得更多的是捉谜藏、玩打仗游戏。这可是我们这些男孩子的拿手好戏！

说实在的，一村孩子，平日里总是有亲疏的。上学下学在一块儿的时间多一些的，到了晚上自然成了一个阵营。这当中岁数大些的多半为“头儿”（也不尽然，我在当时的一帮孩子中间并不最大，也当“头儿”），带领同伙跟另一阵营的细猴子们“干”！

一方躲藏，一方寻找，满庄子闹腾。发生“战争”是免不了的事。这“战争”所用“子弹”，无他，楝树果子是也。你还别说，在双方围追堵截的巷道上，弄得楝树果子满天飞，很有点“枪林弹雨”的意趣。楝树果子，在这儿被我们派上了用场，好不惬意！

这些，还不是我之于苦楝树最早的记忆。在我的记忆深处，一直矗立着一棵苦楝树！

那棵苦楝树，生长在我出生的老宅后面，是盘踞在临河高墩子上最为高大的一棵树。想来，是雨水冲击所致，其根盘错裸露大部，叫人领略到“苍劲”一词之意韵。

苦楝树，因其汁苦涩而少虫害，故而很茁壮。老宅后的苦楝树，很是有些年月了。树干粗壮，已半抱有余。树皮开裂，很是粗糙。

那棵树，树形也颇奇特。树干没多高就分出三根杈枝，很匀称地伸向三个方向，各占一方蓝天。

讨喜的是，树杈上各有一个喜鹊窝。每每老喜鹊寻食回归时，窝里的幼鹊便叽叽喳喳叫个不停，小树林顿时热闹了许多，增添了不少生机。

那棵苦楝树，是爷爷早年间栽下的。爷爷是有了打算的，曾跟家里人提起过。一棵老树三个杈，每个儿子一杈。恰巧，爷爷有三个儿子。其时，农家置办家具之类，多半靠自己栽种的树长大之后，请木匠上门加工。如果自己懂木匠活儿，那自己动手就行了。

爷爷是靠租种人家的田过日子的。整日忙忙碌碌，极少安安稳稳地坐到桌上吃顿饭。从锅灶间盛好粯子饭（那时，成年难得见白米），边吃边到堂屋饭桌上夹几筷子苋菜馉，碗空了，再往锅灶间盛粯子饭。如此往复，一顿饭便吃完了。他总是嫌坐下来吃饭浪费时光，用他的话说："时光是浪费得起的吗？种田人，功夫用在田里才是正理，不忙哪成！"可他却把三个儿子都送进了学堂。

说起来，爷爷的日子过得并不怎么像样。听父亲说，奶奶死得早。奶奶去世时，三叔才三岁。爷爷带着三个儿子，四条汉子一起过，总是缺了一块，不得章法。

门上守寡多年的三奶奶，跨进爷爷的门是后来的事。奇怪的是，等我记事的时候，爷爷和三奶奶就已经分开各过各的日子了。不知是何原因，祖辈的事，容不得我们这些小辈追根究底。不过有一点可以肯定，爷爷和三奶奶的感情是不错的。他俩共同生活的日子里，为我们增添了一个小姑。

爷爷真是个闲着没事就难受的人。稻谷进了仓，麦种下了地，日子往冬天过，地里闲了许多。飘雪花了，田野里、村巷头、房屋上，尽是白茫茫的，实在不能外出干活儿了。于是，爷爷便拿出一小把一小把锤得熟熟的镶草打草鞋。此处的"打"，乃编织之意。

打草鞋，可是件地道的技术活儿。爷爷打草鞋的技术娴熟极了，一天双把草鞋是极容易的事。因而，爷爷的草鞋也向外卖，多是相熟的跑到门上来求购。爷爷的草鞋，卖得极便宜。

他老人家，一冬也尽穿草鞋。不仅他穿，他的三个儿子也穿。

那时的冬季，乡里人还谈不上穿棉鞋，多半是穿草鞋。穿过几回，草鞋软熟了许多，也暖和了许多。要把一双草鞋穿软熟了，这脚是得吃些苦头的。新草鞋磨脚后跟挺厉害，容易让人落下裂口子的毛病。爷爷自然不能幸免。

睡觉前，爷爷常常会拿些膏药，在火油灯上烘至融化，然后滴到脚后跟裂开的口子中。那滋味，既生疼又舒坦。爷爷脚后跟上的裂口，小孩儿嘴一般，怪吓人的。

爷爷也曾给我打过一双细草鞋。不过，这双草鞋不是纯镶草的。爷爷编织时，在镶草中间嵌入了碎布条子。穿过草鞋的都知道，嵌入布条子的草鞋，较纯镶草的要软熟许多，脚伸进鞋中的感觉，大不同矣。

穿着爷爷给打的草鞋，而且是嵌入布条子的草鞋，我心里别提多得意啦。到处显摆、嘚瑟，自然是免不了的。哪个孩子没有虚荣心、好胜心哕！

“细扣伙，细扣伙，你脚上的这双鞋，可要当点事哟！”到处显摆、嘚瑟中的我，被三奶奶拽到跟前叮嘱道。“细扣伙”乃我乳名，外婆给起的。“当点事”，乃当地方言，跟“当回事”意思接近，含好好珍惜之意。

原来，为给我打这双草鞋，爷爷从三奶奶那里要回了原本已经给了三奶奶，让三奶奶帮他糊一双鞋垫子的碎布。三奶奶告诉我，爷爷的这双鞋垫子，是为过年准备的。爷爷的日子，实在是不易。过年时，新鞋是不敢奢望的，于是攒些布条子，做双鞋垫子，也算是对辛苦一年的自己一次善待。可最终，这善待被爷爷用在了我的身上。

冬季，在我儿时的记忆里，印象顶深的，莫过于坐在门口小矮凳上，映着雪光打草鞋的爷爷的形象。雪花飘进门来，沾到爷爷的胡须上，化了，爷爷的胡须也变得雪白雪白的了。

说实在的，爷爷大半辈子为生活的艰辛所迫，整日奔波，劳作于田间，日出而作，但日落未必息。像给我打草鞋这样充满关爱的举动并不多，不久，他便离开了人世。

有一日清晨，家里人叫我立即回去。其时，我住外婆家，在外村读书，距家并不远。待我赶回爷爷的祖宅，爷爷已咽气了。听人说，只有咽气时在的，才能成为死者真正的亲人。我很是伤心了一会子，为我失去了爷爷，也为爷爷到另一个世界就少了一个孙子。

我转到爷爷的屋后，很想抱着苦楝树痛哭一场。可是，苦楝树已经从我眼前消失了。家里人告诉我，爷爷辛劳了一辈子，那棵苦楝树给他老人家做棺材用了。

爷爷结束了他苦楝树般苦涩的一生，离开了我们。那时，我还太小了一些，总是心心念念地想：苦楝树不在了，那枝杈上窝里的喜鹊去了哪里呢？该有一窝小喜鹊了吧。

其实，我在长到六七岁之后，便举家搬离高墩子，住到了村子上。那时候，自家院子里就栽了三五棵苦楝树。我们一家五口，父亲常年在外地的工作队做事，难得回家。我和三个妹妹，以及家里大小事务，全都交给了母亲一人。

不止于此，母亲还要到生产队劳作，为我们这个家挣工分。那时候，工分可是农家的重要经济来源。没有工分，年底在生产队就分不到“红”。

因为家中没有男劳力，不论母亲再怎么拼命在生产队干活儿，到年底，我们家也还是个“超支户”。这就意味着，年底我们家是不能从生产队拿回一分钱的。

即便如此，母亲也不会气馁，照样把家料理得妥妥当当。就连家前屋后的隙地，都会栽上豇豆、扁豆、丝瓜之类。这样的栽种，多半依托房前屋后的树木而为。我家前院的三五棵苦楝树下，当然不会空闲着。

对豇豆、扁豆和丝瓜的生长习性稍有了解，便可知此三者皆为爬藤作物，依树栽种，藤往树上爬，便当极了。

这三者当中，数丝瓜藤蔓爬得最高。长长的藤儿，攀树而上。树有多高，丝瓜藤便攀多高。丝瓜从藤上倒垂下来，错落有致。近的丝瓜，便有清香飘出。这清香，豇豆、扁豆也有，只是以丝瓜为最。

房前屋后的树杈间，丝瓜结出之时，亦有嫩扁豆、嫩豇豆结出。这三种作物，丝瓜开黄花，以单株花为常见。豇豆花与扁豆花相仿，有白色、有红色、有紫色，形状有点儿像小蝴蝶，皆成串。远远望去，绿叶丛中，一串串，似群蝶翩跹其间。

豇豆、扁豆的花形相差无几，结出的果实却大相径庭。扁豆，顾名思义，因其果实扁而得名。豇豆，较丝瓜更为细长，似乎过于苗条了一些，给人一副弱不禁风的样子，惹人爱怜。

从树上摘豇豆、丝瓜、扁豆，办法虽多，但终不及一法简便，且收效快——那就是遣家中小孩子直接爬树摘取。我们这些小孩子真如细猴子一般，尤善爬树。平时爬树是要挨骂的，稍有不慎，从枝丫上摔下来，极容易受伤。现在准许爬树，帮大人的忙，乃美差一桩，自然乐滋滋的。

“噌、噌、噌”，一眨眼的工夫，上了树丫。大人在下面喊：“摘这个”，“摘那个”。对于树上的“细猴子”而言，不费难，举手之劳而已。

离开了我的出生地，离开了老家，进了城又离开，一晃我在外地工作二十五六年了。这几十年间，我之于苦楝树的记忆，似乎“断片”矣。

奇怪的是，在我儿时记忆里，根本就没有苦楝树花香的概念。提起此树，头脑中最先冒出来的一个字是“苦”。所以，在我的语言习惯里，提及此树必言“苦楝树”。

现在想来，还是爷爷他们那一辈的日子太苦了一些，一个“苦”字就这样留在了我童年的记忆里。

几十年过去，我与家人在西安游玩时，发现了早已远离我生活的苦楝树，发现了苦楝树花那股淡淡的清香。其实，这淡淡清香，一直都是在的。只是因为童年时代，我从爷爷身上感受到了太多生活的苦，这淡淡的清香，似乎被我有意无意地屏蔽掉了。

扪心自问，这么多年，被我屏蔽掉的只有苦楝树花淡淡的清香吗？那花白胡须的老人，有多久没被想起了？那稚嫩的双脚被草鞋打得生疼的滋味，有多久没被记起了？那被挖去了苦楝树的高墩子，有多久没踏上了？……

苦楝树，如今我又见到了你！现在的日子，跟我孩提时代相比，实乃天壤之别，巨不同矣。当年爷爷碗里的䅟子饭，现如今有了一个挺洋气的名字：燕麦。妻子几乎每天都要对我强调，不能煮纯粹的白米饭，含糖量高，必须加入燕麦，有益健康。毕竟六十岁的人啦！

苦楝树，请你告诉我，是不是现在的日子过久了，让我于不知不觉间，忘了你名字当中的“苦”字？相隔半个世纪之后，你我之间的“断片”还能接上吗？

北往南来又一年

人的生命体验和生命样态，当然是愈丰富，愈多样，愈有益。丰富和多样，无疑会让一个人活出多彩且精彩的人生。

就我而言，2018 年，给我的感受和体验既十分难得，又十分强烈。这一年，作为一个生命个体，首先是南北两种极端自然生态给我带来的切身感受和体验前所未有；其次是 2018 年这个特别年份所带来的感怀和体悟前所未有。古人说，道法自然。无论怎再么重大的发明创造，无论再怎么深邃的表达，在自然面前，实乃雕虫小技，不可同日而语。不过，你得承认，从人定胜天，到人与自然和谐共处，是个进步。

闲言少叙，容我转入正题。

给我十分难得而又十分强烈生命感受与体验的 2018 年，确切地说，分别是 2018 年岁首的 1 月和 2018 年岁尾的 12 月。前一个时间点，我生平第一次北往黑河，让我领略到了“冰天雪地”“银装素裹”之意韵；后一个时间点，同样是我生平第一次，南去南沙永兴岛，不仅让我感受了冬日里盛夏般的那份火热，而且因特别的年份、特别的使命，让我对世事变迁、时代发展，几多感怀，几多体悟。于是，这便构成了我生命历程中南北足迹跨度最大的一年。

北往黑河，让我有机会去追寻一个美丽传说。

黑河之于我，实乃遥远的北国。置身于大雪纷飞、银装素裹的冰天雪地，与我习惯了几十年的和风吹拂、桃红柳绿所带来的姹紫嫣红，有着天壤之别。要想一下子适应，显然是不可能的。

若非一番寒彻骨，哪得梅花扑鼻香。道理易懂，经历起来不那么容易。所谓知易行难是也。其实，在现实中，知也不是想象的那般容易。

不管怎么说，突破惯常，走出肌体所适应的舒适状态，于我是一次难得的生命体验。好在有人告诉我——

北方有佳人，
绝世而独立。
一顾倾人城，
再顾倾人国。

这无疑具有一定诱惑力。这是谁说的？又是在说谁呢？在我看来，那是有人替我对你说的，我的冰美人！

心里忐忑着，称你“冰美人”，我是冒着被你看俗之风险的。我知道你的孤傲、你的果敢、你的决绝，知道你的冷若冰霜；当然，我也知道你的妖娆、你的飘逸、你的绰约，知道你的冰清玉洁。你真是一位奇女子！

应该坦承，我已经深深地爱上了你，不能自已。

哥的真情把妹的心儿搅乱，
但父亲的诺言又怎能违背？

河水和山林融一体，
就像那寒冬腊月天，
花儿不能含苞怒放，
蝴蝶不能翩翩起舞……

这是你的歌声吗？你这是在为谁悲吟？难道你早就有了心上人？听起来，你钟情的心上人，你父亲并不同意。我怎么有点幸灾乐祸呢？！向上苍起誓，我并不是个心胸狭隘、自私自利之人。可常言说，爱情本身就具有自私和排他之特性。原谅我吧，亲爱的姑娘，我已经为刚才的那一点点“幸灾乐祸”而自责。我听到了你阿哥的歌声——

美丽的白桦令人陶醉，
南绰罗花更让我眷恋；
你让山泉洗过，
让山风吹过，
让日月星光映照过，
千朵花、万叶草，
没法和你相比……

原来，这歌声来自一个名叫“额根堤”的小伙子。他就是你歌声中的“哥”吗？

你终于还是动了心。“额根堤”的歌声，唱了一天又一天、一季又一季、一年又一年，你怎么能不对他动真情呢？！

是啊，面对如此的深情，面对如此的真心，正值青春芳华的“安布伦”，只能有一个反应：芳心萌动。

“安布伦”，我心中的女神！你在“父亲的诺言”面前，束手无策，只能在心上人面前忧伤而歌。

细心的读者朋友，从“安布伦”的歌声里，应该已经知道，所谓“父亲的诺言”，实乃“依嘎布”出给女儿的一道难题：“河水和山林融一体”！

“依嘎布”出给女儿如此难题，用心显矣！唉，天下多少有情人成不了眷属，原因固然有许多，而父母亲从中阻拦，酿成多少悲剧，真叫人扼腕。“额根堤”与“安布伦”如此相爱，连我这个原本该捧醋坛子的人，都从心里为他俩鸣不平。

在我看来，身为父亲，“依嘎布”如此为难女儿和“额根堤”，实在是不怀好意，有如司马昭之心。“河水和山林融一体”，这怎么可能呢？没有突发的大变故，必定是林自生长、水自流，让二者“融一体”，万难做到。当然，天地重新整合，一切归于混沌，则另论。还有就是，除非你是神！有道是，凡人无力能回天，费尽心思也枉然。

嗐！还别说，这“额根堤”小伙子还真是“神”，居然做到了。你听——

妹的歌声把我的心儿唱亮，
爱情让我有了智慧和力量；
我变水汽出河面，
凝成霜花开满山；
水和山林融一体，
你我成亲在明天。

心爱姑娘的歌声，给了“额根堤”灵感，他竟然有了让“河水和山林融一体”之妙法。

现在，我必须向“依嘎布”老人说一声：“对不起！”刚才，我有点儿错怪您老人家啰！

读者朋友有所不知，这个“额根堤”，并非常人，而是个“河神”。说实在的，我现在也是做父亲的人，也有女儿，谁愿意将自己的女儿嫁给河神为妻呢？现在看起来，“依嘎布”老人还是比较开明的。他允许了自己女儿和河神的自由相爱，只是在“额根堤”河神提出要迎娶“安布伦”时，才给他俩出了难题。

让世人意想不到的是，“依嘎布”老人的难题，竟难出了一道绝世风景：库尔滨雾凇。

行文至此，我不得不向读者朋友坦承：本人叙述的，的确是关于库尔滨雾凇的美丽传说。

“库尔滨”是鄂伦春语的译音，意为“渔场”。这里盛产种类繁多的鲜鱼。顺便说一句，我在库尔滨的这几日，对“影友之家”女主人烹制的红烧鲤鱼留下了极好的印象。那特有的鲜嫩，如此入味（我们家乡人则称之“入骨”，我以为更贴切），令人垂涎，箸不忍丢。

库尔滨雾凇，为小兴安岭冬季的一处奇景，因库尔滨河而形成。我所叙述传说中的“额根堤”，便是库尔滨河的河神；“依嘎布”则是世世代代居住在库尔滨河两岸、以打鱼为生的鄂伦春部落首领，只不过，那时的库尔滨还是一条无名之河。那美丽可爱的少女“安布伦”，当然是部落首领“依嘎布”心爱的女儿。

这当然是则古老的传说。库尔滨雾凇，真正的成因是由于300多公里长的库尔滨河，其上游有一高山堰塞湖，当地政府依此建成了蓄水量达3.9亿立方米的库尔滨水库。水库发电时每天都要排放大量温水，这在零下二三十度的冬季，神奇的自然现象便出现了：整个水电站下游的河面上，雾气升腾，冷热两股气流相互交织、盘旋，让两岸长达15公里的松林，有如岑参所言，“忽如一夜春风来，千树万树梨花开”。放眼望去，银装素裹，晶莹剔透，一片童话般的梦幻世界。

库尔滨雾凇美丽传说中人神相爱的感人故事，在 2018 年黑河寒冷的冬天，带给我这个第一次来到遥远北国的南方人无限温暖。当我辗转数千里，冒着零下二十六七度的严寒，踩着“咔咔”作响的冰雪，来到晶莹剔透的库尔滨雾凇面前，我的爱恋，发自内心。

面对晶莹如玉、圣洁如雪的一丛丛雾凇，飞入我脑海的不是岑参，也不是那首著名的《沁园春·雪》，而是香山居士的《花非花》——

花非花，雾非雾。
夜半来，天明去。
来如春梦几多时？
去似朝云无觅处。

对于这首《花非花》，你当然可以把它看成由大自然美景的转瞬即逝，进而阐发对人生苦短的感叹。然，我更愿意把它看成唱给心爱女子的哀婉情歌。因为，在我的心底，我更愿意把库尔滨雾凇比作一位令人爱慕的姑娘，她冰清玉洁，净化着我们尘世间男女之间的情感，容不得对她有一丝丝的玷污。现在，我更愿意把库尔滨雾凇比作一位让人敬仰的母亲，由于她的护佑，生活在库尔滨一带的黎民百姓，多了一份福祉。

说来又是一份奇缘，我们一行下榻的“影友之家”，店主人为一对年轻的夫妇，他俩便是结缘于一家影楼，而这影楼的主人又恰巧是迷恋库尔滨雾凇的摄影家。小夫妻俩从事“影友之家”的经营，每年也就冬季做三个月左右，能得到五六万元的收入，一家人生活得和和美美。像他们这样从事“农家乐”经营的，在大平台村有十多户，从业者至少三四百人。这对于一个不足百户、总人口也就三百多人的小村而言，无疑是多了一个重要的经济来源。

让我感兴趣的，还不仅仅是库尔滨雾凇给当地带来的经济效益，而是因雾凇缔结姻缘的“影友之家”男主人小程。他有了一个新决定：他今年（2018年）准备将“影友之家”全权交给妻子打理，自己要重新拿起相机，跟随师傅拍雾凇！

人啊，不忘来时路也罢，换成当下的高频词“不忘初心”也罢，做到不易。在追逐梦想、实现自我人生价值的过程中，迷失方向者，并不鲜见。我为小程的回归点赞！

小程的师傅张化林，乃库尔滨雾凇拍摄“第一人”。其库尔滨雾凇摄影作品，曾被北京人民大会堂收藏。张先生几十年如一日，镜头始终对准库尔滨雾凇。在我和小程交谈时，他就告诉我，本月20号（指2018年1月20日），张先生就要再来“影友之家”，当然是继续他的雾凇摄影。小程知道我是个作家之后，就特别希望我能写一写他的师傅。而我20号在家乡有个新书发布活动，不能逗留。有了冰天雪地里的生命体验，我与张先生的小小错过，也就不那么遗憾矣。

与我带领几位摄影家北往黑河采风创作的一次小团队活动不同，来南沙永兴岛的采风创作，则有着一个重大的主题：庆祝改革开放40周年。实在说来，我本人就是改革开放最直接的受益者。要不是国家恢复高考制度，我一个农村孩子要想走出兴化水乡，那真是无法想象的事情。

这一活动本身，堪称中国作协的一个大动作。我的身份则是中国作协庆祝改革开放40周年主题采访活动第四团之团员。我们一行来自全国多地的30多名作家，是在采访了海口、文昌等地之后，才有幸登上永兴岛的，这可是祖国最南端的一片海域啊！

在南沙永兴岛，我为一次原本极寻常的升旗仪式而动容。这是我登岛前，再怎么脑洞大开，也想不到的。

当我们乘坐着“三沙一号”舰，经过十多个小时的航行，登临永兴岛时，我亲身感受到了它海域的广袤与辽阔。

“我爱这蓝色的海洋，祖国的海疆壮丽宽广……”耳熟能详的旋律，孩提时就已烂熟于心。而如此近距离与海洋相亲，切身感受到原本巨大的舰艇，似一叶扁舟随海浪摇荡前行，却是多年之后的此次南沙之行。

置身于苍茫大海之上，我没想着化身海燕“高傲地飞翔”，而是顿生“飘飘何所似，天地一沙鸥”之感叹。在这样的情境中，承认生命个体之渺小，由此而心生敬畏，在我看来并不丢人。当然，“大”与“小”既客观存在，又不能一概而论。

三沙市，为我生平足之所及陆地面积最小的市级行政区域。可别小看三沙市仅二十多平方公里的陆地，它约两百万平方公里的宽广海域，可是有着无穷无尽的宝藏！

永兴岛堤岸边，湛蓝色的海水清澈见底。远处海浪翻滚起一朵朵“雪浪花”，鲣鸟展开长长的双翼在空中翱翔，低矮的抗风桐在海风中摇曳生姿。最是老龙头嶙峋的礁石吸引来访者的眼球。那份奇特、那份斑驳，透露出沧海桑田之况味。

“老龙头”石碑，字迹已然模糊难辨。然，礁石一侧，“祖国万岁”四个大字，赤红鲜艳，令采访团的成员们惊喜万分，纷纷抢占最佳位置，合影留念。

尽管时令已是冬季，但永兴岛上的阳光依然炽热，我一动脚步，便有汗珠一连串地滚落。岛上盛开的三角梅、鸡蛋花，一个字：艳！让我有如置身炎热的盛夏。

冬日里盛夏般的永兴岛，还是给了我这个北方人不一样的体验和认知。此处必须向读者朋友多说一句，从我的家乡北往黑河，我是个地地道道的南方人；从我的家乡一路南下，经过数千里的路程，南来南沙永兴岛，我瞬间又变成了名副其实的北方人。

一年之中的岁尾，在冬日里感受着阳光、沙滩、海浪、仙人掌之南国风光，真的有着与“北国风光，千里冰封，万里雪飘”完全不同的美妙体验。而最最打动我的，竟然是岛上唯一一座仅有十几个孩子的学校组织的一次升国旗仪式。

这原本极其寻常、普通的一刻，因为你们而变得庄严、神圣，我可爱的孩子们!

当我凝视着一双稚嫩的小手，紧紧牵引着系有国旗的绳子，伴随着雄壮的国歌声，一把接一把地将低垂的五星红旗缓缓升起，我的心也随着每一次的牵引而激动不已。

啊，我可爱的孩子们！短短几分钟的升旗仪式，我怎么觉得如此漫长？时间似乎在这一刻凝固。2018 年 12 月 3 日，清晨 8 时。这个时间点，注定要在我的记忆里凝固成永恒。

我知道，永兴岛有着自己凝固的时间点。一座 9 米高的三层炮楼，依然保存着。这枚刺入我南海版图的“钢针”，如今已经成为日本帝国主义曾经入侵我西沙群岛的有力罪证。那是 1939 年 3 月 20 日。

在距离炮楼不远处，一块石碑赫然矗立。石碑正面刻有“南海屏藩”四个大字，其背面镌有“海军收复西沙群岛纪念碑”字样。这块碑，无疑是中国军队收复疆土之见证。立碑时间：1946 年 11 月 24 日。

令华夏子孙骄傲的是，1950 年 5 月 15 日，我英勇的中国人民解放军在攻占海南岛后，便进驻了永兴岛。此后，守护祖国的疆土并不是一帆风顺。1974 年 1 月 19 日，我南海军民奋起反击来犯之敌，十多名官兵血洒疆场，他们用鲜血和生命维护和捍卫了祖国领土完整和领海主权。

历史掀开崭新一页，具有特殊意义的地级三沙市正式成立。这一天，是 2012 年 7 月 24 日。在重达 68 吨的黄蜡石碑上面，镌有 169 字碑文，阐释了“立府永兴”“睦邻四方”“固我海疆”等主张。时代的发展，让我们走向了蓝色大海。我们在拥有黄河文明、长江文明的同时，也应当拥有海洋文明。这是时代之呼唤，祖国强盛之必需。

在祖国的最南端，陆地面积仅仅几平方公里的小岛上，我的心灵受到一次洗礼。那冉冉升起的五星红旗在告诉我，不论距离祖国的心脏多么遥远，永兴岛和我们的祖国永远心连着心；不论其陆地面积多么狭小，永兴岛始终是祖国领土神圣不可分割的一部分。

我可爱的孩子们！你们一张张充满稚气的脸庞，翘首仰望着在旗杆顶端高高飘扬的五星红旗，清晨的阳光洒落在你们的脸上，那么生动，又那么恬静。我知道，你们是永兴岛上“爱国”的接棒人。

是的，“爱国”。此时此刻，这种情愫在我们观看升旗的每一个采访团成员心中奔涌着、翻腾着。我知道，是你们的稚嫩，触及了我们心底那一块柔软。作为一名作家，我愿意保持着心底的柔软，书写出更多的美好，为我们伟大的祖国，为我眼前这些可爱的孩子！

心远地自偏

内心深处一直对自己有种不满意，怎么就把日子过得如此粗糙、如此潦草？我幻想着“莫春者，春服既成，冠者五六人，童子六七人，浴乎沂，风乎舞雩，咏而归”这样的情形也能出现在自己的生活里。

与三五好友郊外踏青，为田埂上绿茵茵的野草所吸引，不能称呼其名，掏出手机，求教于识花 App“形色”。“叶下珠”“玉竹”“商陆”……这些野草，既没什么出众的样貌，亦没什么别致的形态，竟有着如此典雅的名字，实在让我颇为意外，心生羡慕。

从“严重困难时期”走过来的我们这代人，经历过衣不遮体、食不果腹的岁月，于是整日奔波操劳的只为一个词——“物质”，以至于“年轻时挣钱不要命，年老时花钱来保命”成了网上颇为流行的笑谈。细细想来，这不就是芸芸众生的生活常态吗？

君不见，哪一处繁华的商业、金融街区，不是汹涌着着装讲究、手提公文包、步履匆匆而面色凝重的白领人潮？我就曾在纽约的华尔街被这种迎面而来的白领人潮淹没过；君不见，哪一条华灯初上时分的城市马路上，不是车水马龙、霓虹闪烁、歌舞升平？我曾不止一次感受过京城十里长街车流的浩浩荡荡，把自己变成长街上成千上万追梦者中的一员，如过江之鲫，悄然融入京城那绚烂的夜色之中。

人生存于天地之间，诚如斯言："家有广厦万间，不过六尺小床；纵有黄金万两，不过一日三餐。"何不放慢脚步，让疲惫不堪的肉身和焦灼不安的灵魂得以休养生息？

五花马，千金裘，
呼儿将出换美酒，
与尔同销万古愁。

聪明早慧，20多岁就"仗剑去国，辞亲远游"，浪迹名山大川的李白，其潇洒浪漫、放荡不羁，的确不是一般人能够学得来的。

启明星坠入母怀，给了他一个闪亮的名字：李白。李白，一如夜空中那颗太白星，千百年来，一直闪耀在中华历史文化的灿烂星空，光彩夺目，华光万丈。

象耳山下，溪边老妪磨杵制针，彻底改变了他的学习态度。我们读书时，常挂在嘴边的"磨杵成针"之成语，即源出于此。

他曾因汪伦家乡的"十里桃花""万家酒店"而兴奋前往。性情豁达的他，并没有因为"十里桃花"乃"十里之外的桃花潭"、"万家酒店"乃"万姓人家开的酒店"而怪罪汪伦。他们于缤纷桃林之中观赏落英飞红，诗酒相和，流连忘返。几天的畅游畅饮，两人友情愈益深厚。某天，当李白试图悄然离去却未能如愿时，他留下了那首至今仍被传颂的《赠汪伦》。

如今的桃花潭，吸引游人的不仅是其清澈晶莹的潭水和翠峦倒映、山光水色的自然风光，更有桃花潭两岸，汪伦踏歌送别李白时的点点遗迹：东园古渡、踏歌岸阁、垒玉墩、书板石、彩虹岗、谪仙楼、钓隐台……

李白喜饮善饮，留下了太多佳话。“对影成三人”的孤寂，从他的诗行中已然流露无遗，“古来圣贤皆寂寞，惟有饮者留其名”。于是乎，小他 11 岁的杜甫赋诗赞颂：“李白斗酒诗百篇，长安市上酒家眠。天子呼来不上船，自称臣是酒中仙。”

即便旷达如此，被“天子呼”，李白还是很开心的。当然，他也曾借让高力士为自己脱靴之机，流露出一点身为巨大才情之人却不得不为皇上写公文的小情绪，全然不见在金銮殿上常见的那种卑躬屈膝的奴颜媚态，这确实是常人所难以做到的。

李杜文章在，光焰万丈长。天宝三年（公元 744 年）夏，誉满华夏的李白和风华正茂的杜甫在洛阳第一次相见。二人抒怀遣兴，借古评今，纵论天下大势，胸怀一颗忧国忧民之心。这样两位中国文学史上最伟大诗人的相见，是否对各自的诗歌创作乃至中国诗歌的发展带来重大影响，我不是这方面的专家，不敢妄论。

不过，其后一年的秋天，他俩在东鲁有了第三次相见。在短短一年多时间内，两次相约，三次相见。从这一点上，我敢判断，李、杜相见不仅愉快，而且彼此是相互吸引的，大有惺惺相惜之意。众所周知，他俩的性格与诗风是如此的不同，后人给他俩贴上的标签，一个是“浪漫”，一个是“现实”。

人闲桂花落，夜静春山空。
月出惊山鸟，时鸣春涧中。

王维的这首《鸟鸣涧》所引发的议论，用“铺天盖地”来形容，似乎并不过分。从诗中有画，画中有诗，到意境幽远，情景交融，再到物我两忘，天人合一，甚至超越时间，超越空间，物我两无，宇宙隐遁。这四重境界，我认为王维是拾阶而上，逐级登临，直至第四重境界。这似乎与其获得的“诗佛”之誉很是吻合。在“诗仙”“诗圣”之后，被誉为“诗佛”，足见王维之伟大。

然，与李白、杜甫二人多次相约、多次相见之情形截然不同，王维与李白竟然从未谋面，终其一生而不识，自然也谈不上诗文唱和矣。要知道，李白可是跟王维同岁，通常而言，交谈起来要比小自己 11 岁的杜甫更容易吧？况且，他俩也曾于同一时间点同处一城，怎么就没能见上一面呢？

要说到文学成就，“诗佛”与“诗仙”当然都是重量级大咖。有热心朋友还做了一番比较，不妨一同欣赏一二。

譬如写思念：“诗仙”有“床前明月光，疑是地上霜。举头邀明月，低头思故乡”；“诗佛”有“红豆生南国，春来发几枝。愿君多采撷，此物最相思”。再譬如写送别：“诗仙”有“故人西辞黄鹤楼，烟花三月下扬州。孤帆远影碧空尽，唯见长江天际流”；“诗佛”有“渭城朝雨浥轻尘，客舍青青柳色新。劝君更尽一杯酒，西出阳关无故人”。实在说来，难分伯仲。

有研究者认为，二人生命中没能有所交集，缘于性格使然。狂放不羁、藐视权贵的李白，大概是看不上谨小慎微、入世求仕的王维的。此时，又有多少人能够理解一生都混迹于官场，却一心梦想着归隐田园的王维，其内心是何等挣扎、何等无奈、何等愤懑！

王维诗云：“小妹日成长，兄弟未有娶。家贫禄既薄，储蓄非有素。几回欲奋飞，踟蹰复相顾。”这不正应了当下颇为流行的一句话：生活不仅有诗和远方，还有眼前的苟且。

依我看，王维这种身在世俗、心在田园之境遇，倒是极具普遍性的。即便是当下，我们大多数心中有梦者，不也因“身”与“心”不能同置而纠结吗？

问题的关键是，我们如何面对生活给我们带来的种种牵绊、无奈，甚至苦难？我们如何葆有心中的梦想之光而不让它熄灭，再苦再难也坚持着，初心不改，孜孜以求？

直到晚年才安家于终南山边陲的王维，终于可以“松风吹解带，山月照弹琴”，有了一份“行到水穷处，坐看云起时”之从容。他以仕而隐的成功实践，给我们上了极其深刻的一课。他的存在，无疑丰富了我们这些心中有梦者对人生道路的选择。

竹树绕吾庐，清深趣有余。

鹤闲临水久，蜂懒采花疏。

幼年丧父，家境贫寒，居于西湖小孤山旁几间茅屋中，20多年不进城的林逋，在我看来，做人似乎更为纯粹。

驾一叶小舟，与山湖为伴，清贫度日。客至则鹤飞传信，于是乎棹舟归来，与客赋诗唱和，把酒言欢；客散则湖上泛舟，遍访西湖古寺，抑或梅下抚鹤，诗书漫卷。这便是林逋先生之日常也！

我似乎看到了，浩淼的西湖上，划一叶小舟的林逋，不避风雨，不计阴晴，悠然而行，无问西东；我似乎看到了，草庐旁，梅树下，抚鹤把盏的林逋，不以物喜，不以己悲，于轻吟慢诵之中，闻梅香，观鹤舞，不计晨昏。

林逋善绘擅书，长于诗。其书瘦挺劲健，笔意与欧阳询、李建中仿佛，而清劲处尤妙。其诗语孤峭浃澹，自抒胸意，多有奇句。

陆游赞其书法：高绝胜人。苏轼则评价林逋：“诗如东野不言寒，书似留台差少肉。”“明四家”之一的沈周有诗云：“我爱翁书得瘦硬，云腴濯尽西湖渌。西台少肉是真评，数行清莹含冰玉。宛然风节溢其间，此字此翁俱绝俗。”

在我看来，黄庭坚的评价更为生动。试想，观一幅书法作品，“方病”

能“不药而愈”，“方饥”能“不食而饱”，这是怎样不同的审美情趣和审美感悟？

从众多名家的褒奖中可知，林逋之诗书画皆达到相当高的境界，然而他却刻意不予留存。林逋的解释是：“我方晦迹林壑，且不欲以诗名一时，况后世乎？”

这当中，特别幸运的要数他庭院中的那株梅花矣，“疏影横斜水清浅，暗香浮动月黄昏”。这一咏梅绝唱，让千年之后的我们得以欣赏，实在是幸运之中的幸运。

终身不仕不娶的林逋，唯喜植梅养鹤，以梅为妻，以鹤为子，留下“梅妻鹤子”之佳话。当然也会有人劝其走上仕途，抑或娶妻生子，实现一个文人“修齐治平”的人生理想。且听他的心声：“然吾志之所适，非室家也，非功名富贵也，只觉青山绿水与我情相宜。”

林逋虽以布衣终其一生，然交往者中不乏达官显贵，譬如丞相王随、杭州郡守薛映等，均敬其为人，又爱其诗，便时常到孤山与之唱和。宋真宗赵恒闻其名，赐粟帛，并诏告府县存恤之。林逋虽心存感激，但未因此而骄傲自大。这让我看到了林逋真正健全的人格。

林逋在花甲之年辞世，他生前在草庐筑墓时，曾作诗一首：“湖上青山对结庐，坟前修竹亦萧疏。茂陵他日求遗稿，犹喜曾无封禅书。”

结庐在人境，而无车马喧。

问君何能尔？心远地自偏。

与林逋相比，陶渊明名气似乎更大一些。他那“采菊东篱下，悠然见南山”的悠然自得之情，为古今众多文人墨客所向往。他笔下营造出来的“不知有汉，无论魏晋”之桃花源，更是成了人们梦想中的精神家园。

日暮时分，采菊于东篱之下的，是那位长衫飘逸的隐者吗？遥望南山上，山岚升腾，萦绕于峰际。偶或一群结伴而行的飞鸟，在天空中盘旋着，归于山林，留下一串悦耳的鸟鸣。

就是那偶然间的一抬头，目光恰遇南山，读出了彼此间的“悠然”。这一刻，人，闲逸自在；山，静穆高远。一切是那么宁静，一切是那么和谐，一切是那么美好。还等什么呢？放空意念，融入自然，让生命的个体成为自然的一部分，天人合一。

后来，众多名家就此发出的赞誉之声，一直响彻于中国文学的长空。然就“采菊”而见“南山”，多停留在“境与意会”这一层面上，窃以为浅了。

我不知道，那个武陵的渔夫究竟有多幸运，才能走进这样一个所在：“忽逢桃花林，夹岸数百步，中无杂树，芳草鲜美，落英缤纷。”“复行数十步，豁然开朗。土地平旷，屋舍俨然，有良田、美池、桑竹之属。阡陌交通，鸡犬相闻。”

稍有点儿文学常识者当然知道，我所说的是陶渊明笔下的桃花源，平和安宁、自由自在。的确，陶公向我们呈现的一切，是那么单纯、那么美好。你看不到猛于虎的苛政，你看不到纷飞战火下的妻离子散、家破人亡，你也看不到人与人之间的钩心斗角、尔虞我诈。

这样一处为世人称为“世外桃源”的所在，我更愿意把它看成“梦想中的家园”，给自己一个精神上的寄托。

这一切，还得感谢陶公在彭泽县令任上 80 多天就辞官归隐，否则，这田园诗派鼻祖，恐怕会另有其人也。能不能欣赏到如此优美诗章、精妙佳构，实在是说不定的。

20 多岁就开始仕宦生涯的陶渊明，在其后的十数年间，不停重复着“入职”“辞归”的路径选择。“园田日梦想，安得久离析。终怀在归舟，谅哉宜霜柏。”既然自己日日梦想回归田园，不能忍受分离如此之久，其结果便不言而喻矣。

于是乎，再也不愿为五斗米折腰的陶渊明，用一篇《归去来兮辞》以明心迹，至此彻底离开官场，归隐田园直至生命终结。

“余家贫，耕植不足以自给。幼稚盈室，瓶无储粟，生生所资，未见其术。”陶公的自报家门，让我心有戚戚，深深感动。我们似乎乐意记住在东篱下采菊的陶渊明，在浅唱低吟间，陶醉于他所带来的那份“悠然”。有意无意之中，似乎忽略了他贫寒的家境，种地都不能自给；孩子又多，缸中都没有多余的粮食。经历了这样的心路历程后，其人生竟能达到如此境界，令人不得不敬佩。

步入花甲之后，我从城区的“空中楼阁”移至郊区的一处庭院。既不能“采菊”于东篱之下，亦不能“见南山”于“悠然”。我有自知自明，自己的人生境界当然不能跟陶公相提并论，说相差十万八千里，也不为过。

然而住在这里，每天清晨，最先在我耳边响起的，不再是马达轰鸣，而是鸟儿的歌唱，丰富多样，清脆悦耳。“结庐在人境，而无车马喧”，倒是实实在在地做到了。

其实，这种躺在床上听鸟鸣的日子，也曾短暂出现于我的生活里。某年欧洲之行，我们下榻在距荷兰首都阿姆斯特丹仅半小时车程的夜莺酒店。

翌日清晨，我被窗外树丛中的小鸟唤醒。循着“叽叽啾啾”的鸟鸣声，我步出酒店，呼吸着荷兰首都郊外清新的空气，欣赏着田野上大片大片色彩艳丽的郁金香，好不惬意！

惬意是惬意，就是这个时间点还是过早了些。溜达了一会儿后，我决定返回自己的房间。睡意全无的我，复躺于床。此时，此起彼伏的鸟鸣声传入我耳中，高高低低，相应相和，恰是一曲多声部的大合唱！

听吧——

一声长鸣后，来了一个群口的“叽叽喳喳”。间以一声清脆的啼叫，绵柔而细长。紧接着，低声部的鸟们集体亮嗓，低沉而雄浑。最是那飙高音的独门绝技，何止是穿透天空，简直直击了我的心房。

静静地听着，我不再试图去分辨鸟儿的种类，亦不再试图去判定它们叫声的优劣。就这么在床上静静地躺着，静静地听着，什么也不做，什么也不想。有如“见南山”于“悠然”的陶公也，便觉得自己也是个自由自在之人，真好!

其实，我在城区空中楼阁居住的时候，清晨也是有鸟鸣的。你不得不承认，倡导绿色环保的理念确实让整个生态环境有了较大的改观。然而，我每天都需要严格按照时钟起床，忙完洗漱和用餐这些日常流程后，便急匆匆地冲下楼去，哪里还有心思去留意窗外树杈上那些悦耳的鸟鸣呢！心绪不在，说什么皆是枉然。

有一阵子，某种鸟的啼叫在我心底引起了共鸣。“Lydia——”“Lydia——”是谁在叫，我没有细究。叫的是谁，我第一声就听出来了。这是在叫我的女儿!

“Lydia”，是我女儿的英文名。其时，她刚刚去新西兰读书。作为独生女的她，离开父母亲，离开家庭，离开自己的国家，外出求学，独自打拼，舍不得她的人太多太多。作为父亲的我也不舍，但只能放在心底。

女儿在新西兰求学四年，窗外树杈上那只会讲英语的鸟儿，就在我耳旁“Lydia——”“Lydia——”地叫了四年。

在我近郊的庭院里，不仅有天空中、树丛中以及屋宇上的鸟鸣，还有笼中的鸟鸣。我在庭院内养有两只虎皮鹦鹉，初衷是给双亲解闷儿。虎皮鹦鹉，小巧玲珑、色彩斑斓。

在清晨的鸟鸣中醒来，我静静地躺在床上。是的，静静地躺着，放空一切，什么都不去想。无关乎喜悲，无关乎得失，无关乎过去和未来。静静感受自己作为一个生命个体的存在，已然如此，夫复何求?

故乡与野菜

在我印象里，荠菜就是故乡的代表。辛弃疾的一句“春在溪头荠菜花”，让荠菜更是名声大振。

《西湖游览志余》记载：“三月三日男女皆戴荠菜花。谚云：‘三春戴荠花，桃李羞繁华。’”顾禄的《清嘉录》记载：“荠菜花俗呼野菜花，因谚有三月三蚂蚁上灶山之语，三日人家皆以野菜花置灶陉上。以厌虫蚁。侵晨村童叫卖不绝。或妇女簪髻上以祈清目，俗号眼亮花。”

顾禄的这段文字，点出了荠菜的药理。元人吴瑞在其《日用本草》中曾言明，荠菜“凉肝明目”。典籍也好，药理也罢，并非我们这些芸芸众生所特别看重。常言说：“民以食为天。”荠菜以其鲜美的味道，为我们的肠胃所青睐，给我们的味蕾以美妙享受，其重要性不言而喻。

我挖荠菜，时间跨度之长，连我自己都感到吃惊。不仅孩提时代挖过，几十年之后，我也还在一处鱼塘边上挖过。而那次鱼塘边上的采挖，实在说来，是次意外收获。

原本被友人邀约去做一回姜太公，去渭水河边重温那段古老的垂钓之业。不想垂钓收获不大，却意外发现脚下的荠菜，叶色嫩绿，株体壮硕，一大片连着一大片，颇具规模，蓬蓬勃勃，长势颇旺。根本不像是野生，倒似人为种植的了。

与我同行的妻子本来就不看好我的钓技，这下，我便喜滋滋地挖起荠菜来，比先前垂钓时更带劲儿。不一会儿，满满两大塑料袋的收获，是我有史以来采挖荠菜最多的一次。当晚的一餐荠菜馅儿水饺，更是让我胃口大开，大呼过瘾，早把医生控制饮食的忠告扔到爪哇国去矣！荠菜的那个鲜嫩劲儿，真的无法用语言形容。

怎么办？只有求助于与我有同乡之谊的里下河“文曲星”汪曾祺先生。关于荠菜，汪先生著文写道：“荠菜是野菜，但在我的家乡却是可以上席的。”他进而详细介绍说：“荠菜大都是凉拌，炒荠菜很少人吃。荠菜可包春卷、包圆子（汤团）”。

他老人家还特别介绍了自己在北京一家名店吃过的一道名菜：翡翠蛋羹。一只汤碗里一边是蛋羹一边是荠菜，一边嫩黄一边碧绿，绝不混淆，吃时搅在一起。这道翡翠蛋羹，让他颇为感慨，“这种讲究的吃法，我们家乡没有”。

从汪先生的介绍中得知，高邮不仅没有翡翠蛋羹，也没有用荠菜包馄饨的。这倒让我有点意外。在我看来，荠菜既然能包饺子，当然也能包馄饨——既没有实操上的难度，亦没有食理上的不许可。我可以负责任地说，新鲜的荠菜馅儿，无论是包水饺还是包馄饨，都是鲜美可口，诱人食欲的。

当然，汪先生说高邮没有用荠菜包馄饨的，那一定是实情。何故？是三里不同风，十里不同俗？抑或此一时彼一时也？不得而知。

不独为某一地专有之野菜，除了荠菜，马兰头也在其列。这种野菜，不仅我国的西部、中部、南部、东部各地有，甚至朝鲜、日本、中南半岛至印度也有，可见其分布何其广矣。

马兰头，在我们那里叫“麦浪头”。在我的感觉中，马兰头虽为正宗叫法，但终不及叫麦浪头富有诗意。还有一点，麦浪头，与另外一种野菜——粥饭菜，可以说是相伴而生。这两种野菜，自然也是伴随春天的脚步而来。此时，家乡多麦田，一碧千里。青青麦田的田埂上，总能见到粥饭菜、麦浪头的影子。

前几年，有一首《风吹麦浪》，一听这首歌，便无端地想起老家麦田间的麦浪头来。麦浪头较之粥饭菜，则叶多株壮，至根部方露淡红色，看上去比粥饭菜更泼皮。粥饭菜单株较麦浪头更小，双叶长且圆滑，无棱角，茎部稍短，呈红色。远远望去，红茎绿叶颇好看。在我的记忆里，没有比粥饭菜更小的野菜矣。

小的时候，到田野割猪草，看到粥饭菜、麦浪头，便喜欢得不得了，蹲下身去，用小铲锹极细心地挑将起来。不要误会，这可不是给猪吃的。虽然猪完全可以吃。我们这一拨生长于“严重困难时期”的乡间孩子，谁没有割猪草的记忆？谁没有过挖野菜当粮的日子呢？

那时，家里劳动力多的还好，在生产队干活儿，一年下来，年终“分红”时，多多少少总能从生产队会计手上拿些钱回家，置办年货和一家老小的新衣服。当然，这“分红”所得，不可以全部花光的，尽管花光这点钱太容易了。家里平时用钱的地方多着呢，哪能只顾着过年，就不过日子了？往后的日子总是要过的，日常油盐酱醋之类、针头线脑之类，都得花钱。

我家兄妹四个，只有母亲一人平时在生产队劳作，父亲很多时候在外面工作队。如此一来，到年底，我家便成了生产队的“超支户”，不仅分不到红，还要反过来给生产队缴纳欠款。这样的情况下，日子怎么过呢？

多亏母亲勤劳，既养猪又养鸡养鸭，每年从这些副业上能收入不少，不仅缴纳了生产队的欠款，而且每年都能给我们兄妹添置新的衣裳。我清楚地记得，父母亲是不可能每年都做新衣服的，毕竟家里日常开销也要靠这些副业。其时的家中，我和大妹妹已经上学读书，也需要花钱。那时是没有“义务教育”之说的。因此，我这样的孩子，放了学后，抑或不上学的时候，总是要给家里猪圈里的猪割猪草的。有了猪草，猪既能长大，又能少吃点家里的饲料，节省开销。

然，碰到粥饭菜、麦浪头这样的野菜，还是舍不得给猪吃的。

那大河两岸的圩堤上，抑或麦田的田埂上，阳光照耀的地方，粥饭菜、麦浪头往往成了片。碰到一处，便是绿绿的一大片。粥饭菜成了片，一辨高矮，看上去很平整，似平铺在地面上。而麦浪头，一簇簇，一团团，很是繁茂。这刻，甩开膀子，尽管挑，挑得心里喜滋滋的，忘了尚需割猪草的正事也是常有的。

回家，只有乖乖地等家里大人撕耳朵。说来，我的童年是极幸运的，母亲从未因为这种事打过我。而我上学读书，有相当一部分时间，是和外婆在一起生活，她老人家对她的宝贝外孙，疼爱得不得了，我做错了事，她都难得有个高声，哪里肯动手啊！

洗干净的粥饭菜、麦浪头，切碎煮野菜粥，香喷喷、鲜滋滋，一口气喝上几碗，美得没法说。闹粮荒的年月，粥饭菜、麦浪头救过不少人的命。

有那么一阵子，人们似乎不记得粥饭菜、麦浪头了。等到它们重新被人提起，那是因为这原本野生的物种，进了塑料大棚，进行人工种植矣。

随着粥饭菜和麦浪头供应的增加，使用它们的人也日益增多。包子铺、小吃店等早餐店开始以这些食材为原料制作点心、水饺和馄饨，发现它们竟是极好的食材。

眼下，我们那里各家风味小吃店，包水饺、包馄饨，甚至居民家中包春卷，所用的馅儿，用荠菜、粥饭菜、麦浪头的也逐渐多起来。这粥饭菜、麦浪头切碎，与猪肉混合制成馅儿，无论是包饺子还是包馄饨，口味亦不比荠菜馅儿差。那味道，清香、奇鲜。

粥饭菜、麦浪头，可以用来制作菜肴的地方非常多。无论是清炒还是凉拌，都能保留它们的原汁原味，成为时令的美味小菜，如今已频繁出现在寻常百姓的餐桌上。其实，这种做法，早已有之。袁枚著名的《随园食单》，就收录有凉拌的做法："马兰头菜摘取嫩者，醋合笋拌食，油腻后食之，可以醒脾。"

在我的记忆里，早年间，我们那里每个生产队都会成片成片种植紫云英。只不过，我们称其为红花草。乡里人，看重的是实实在在过日子。红花草之称谓，较之紫云英少了份浪漫，多了份实在。与红花草一同种植的还有黄花草，皆为肥料之用。

在我读初中的时候，我的班主任老师是位南京女知青，"漂亮"一词是不足以形容她的。她那长发及腰的韵致，令不少男教师着迷。她有一特别嗜好，喜食豌豆苗。那时，豌豆也是各个生产队成片成片种植的。种植豌豆的时节，豌豆地里的豌豆苗，多了去了，想怎么掐就怎么掐，几乎没人管的。班上的一帮小男生，人小鬼大，抢着给班主任老师送嫩豌豆苗。久而久之，这些"细猴子"给班主任老师送了个"豌豆苗"的别号。你还别说，豌豆苗的那份纤柔与班主任老师颇相宜。至今都不知，当事人是否知晓此事。

苦艾，在我的同乡作家曹峰峻笔下，浓缩成了一份浓浓的母爱。是母亲把艾草变成了艾菜，由"草"变"菜"，毫无疑问是一次生命的升华；是母亲把艾菜入汤入药，并以此制成风味独道的辣菜，让"大院楼里的科医们羞愧难当"；是母亲最后一次月夜劳作，给她的儿子留下多瓶辣菜，不久便永远地离开了。当艾菜花开满母亲的墓地，母亲一定能听到儿子的轻吟："天光光，月光光，苦艾花开似骄阳……"

曹峰峻笔下母亲自制的辣菜，后来在地方上实现了工厂化生产，即所谓的"三腊菜"是也。只不过，三腊菜的主要原料，不是艾菜，而是我们那里常见的野生麻菜。

景象肃杀的冬季，那时的圩岸、堤埂上，不经意间就会发现，有开着小黄花的麻菜，一簇连一簇，顶着寒风，顽强地生长着。那深绿的菜叶、金黄的小花，在一片枯萎中，特别显眼，给人些许亮色。

这野生麻菜，属芥菜类蔬菜。李时珍的《本草纲目》中有载：“芥，性辛热而散，故能通肺开胃、利气豁痰。”

麻菜的采撷，多在入冬以后。我们这些农家孩子放学后，春天要出门割猪草，冬天便到野外挑麻菜。和割猪草不同，挑这种野麻菜，菜根千万不能丢弃，不能随意切断，得注意留着，有大作用呢。挑回来的麻菜，经大人的手，一棵一棵收拾停当后，扎成一串一串的，悬于房屋北檐下，风干半月左右，便可进行三腊菜的加工。

首先，将风干的麻菜切成细碎的半颗粒状。之后，将半颗粒状的麻菜放进普通铁锅之中用文火慢慢熬。何时出锅？这并不能完全依据时间来定，主要是要观察麻菜的色泽。我们通常说的“半生不熟”的状态，在这里正好可以用作衡量的标准。出锅后，可以配以萝卜干细丁、熟素油、细末花椒盐等调料，以提升三腊菜的口感。特别是这萝卜干细丁，与先前特意留下的麻菜根一起，让食用者在咀嚼时能够感受到多一份的“嘎嘣脆”口感。

新近上市的三腊菜，呈青绿色，既鲜且嫩，可醒酒、解腻、通肺、开胃。食用时偶或有股辣气穿鼻而出，不觉眼中盈泪，口中咝咝（皆辣所致也），然胸中浊气顿释，倍感舒爽通泰。岂不妙哉？

据说，我的家乡大文豪施耐庵，在著《水浒传》时深入民间采风，就曾品尝过安丰的三腊菜。这一说法是真是假，我没有考证过。不过，施耐庵的巨著中弥漫着的冲天豪气，跟三腊菜的品性还真相像呢。安丰有民谣云：“安丰有三怪：豆腐当头菜，红烧鱼不动筷，家家有个三腊菜。”

三腊菜，因多半在“三九”时加工，故谓之“三腊菜”。

后　记

《隐逸在时间深处》这一散文集，收录了我近几年的散文新作，大多是在《大家》《钟山》《西部》《黄河》《山东文学》《当代文学》等文学期刊上刊发过的。与 2023 年出版的《味蕾深处是故乡》《五湖八荡》两本散文集稍有不同，《隐逸在时间深处》中的有些篇章，笔触溢出了我所生活的故乡。前两部可谓是我 60 岁之后献给故乡的歌，题材范畴界定在了我的故乡。但现在编辑的这一散文集中，当然也有涉及故乡的笔墨，只是伴随着我近几年足迹所至，而有所拓展：北到黑河，南至三沙，巨大的地理跨度，让我的书写多了一些独特的人生体验与感悟。

《隐逸在时间深处》分为三辑：第一辑《岁月醉人》，是对一些“非遗”项目的书写。我曾在《大家》的个人专栏中进行较为系统的书写，并且言明，“非遗”是座富矿，值得作家、学者去关注，去挖掘，我的书写连冰山一角都算不上；第二辑《吾乡风流》，有对家乡自然生态、历史人文、民间美食的描摹与呈现；第三辑《幽思漫诉》，则是对一些人和事的回忆与怀念，主要内容是对亲人的追忆。这样的书写，时常让我泪眼朦胧，心有戚戚。

我要向读者朋友坦言的是，这本书本来我是不打算再写后记的。无论是关于我 60 岁以后的散文写作，还是关于我 60 岁以后启用“刘香河”这一全新笔名，在 2023 年 10 月作家出版社出版的散文集《五湖八荡》的后记中，我都已有所交代。眼前这本散文集距离上一本，时间间隔太短，想法也好，理念也罢，都不会有太大的变化。没有新的东西要说，于是就想着不如不说了。

然，现在我却要为眼前这本书加上个后记。促使我为这本散文集写上几句后记的最主要的原因，是因为 2023 年五六月份，我的双亲都患病住进了医院。这是我从来没有面对过的人生状态。老母亲住院已逾半年，老父亲也于 2023 年 11 月 16 日查出肠癌晚期而入院，且他老人家的情况更是不容乐观。

虽说人的生老病死乃自然规律，无人能够抗拒，我的双亲皆年逾八旬，用世俗眼光看也算是高寿也，然，此时编读有关二老的文字，我的内心还是五味杂陈，酸楚难忍。

父亲入院治疗的初期，我躺在他旁侧的病床上，听他讲做农村工作时所经历的艰难，感受他当年从 22 个村脱颖而出，成为唯一一位村支书当选为县党代表的那份荣耀与自豪。当然，我也会坐在老母亲的轮椅边，向老母亲询问：我是谁？家里还有什么人？她老人家有时清醒有时迷糊，阿尔茨海默症消解了她的言语和认知。

我心里明白，二老正一步一步走向生命的另一个方向。和他俩离别的时刻，正一天一天向我逼近。作为二老唯一的儿子，我只能眼睁睁地看着这样的离别一天一天逼近，无能为力；只能眼睁睁地看着我现在编读的这些文字，一天一天演变成对二老的缅怀与思念，愈益沉重。而我能做的只有在心底永远的铭记！

果不其然，在蛇年将尽的时候，住院仅两个半月的老父亲便离开了我们。父亲于 2024 年 2 月 1 日在老家火化，享年 86 岁。

9 天之后，便是龙年春节。趁着外甥、外甥女他们都在，我把老母亲从医院接回家，只想和她老人家度过这个难以度过的春节。

送走父亲之后的我，内心被掏空了，没着没落的。终于在年初二子夜时分，坐在电脑前敲打出一个儿子对父亲的思念。这便是本书中最新的一篇散文:《客厅里的幸福树》。

母亲自 2023 年 5 月 13 日入院治疗，经历了转院、转科；再转院、转科。两次手术全身麻醉，让她的状态一次不如一次，直至最后丧失了语言能力和行动能力。其间四次进入 ICU，时间最长的一次达 22 天。她的气管切开，缝上，再切开。所有的苦痛折磨，都是她老人家一个人扛。面对这一切，我的内心纵有万般的不舍和无奈，无法言说。

直至 2025 年 6 月 10 日，新转进的科室给我下发了母亲病危通知书，迫使我下决心将母亲撤离医院，于 6 月 14 日上午，护送她老人家回老家刘香。一年多前，父亲去世时老家的房子没能建成，此番母亲顺利入住老家新房，她老人家进屋时还神奇地睁开了双眼。

母亲在老家新房里仅仅逗留了 4 个晚上，于 6 月 18 日晚 7 时 30 分，离开了我们，享年 83 岁。让我稍感心安的是，她老人家临走时，十分地安详，有如入睡。

在我天禧玫瑰园的寓所，二老的房间里，有一张双人合影。那是他们二老跟随我从老家搬到泰州不久，在梅兰芳公园拍的。那时的父亲和母亲，多年轻啊！

现如今，他俩竟与我们天人永隔矣！

愿我的双亲隐逸在时间深处，获得永生！

是为后记。

刘香河

2024 年 2 月 19 日 草于海陵莲花，2025 年 7 月 7 日补充完成